恒寂——

致敬无名之工匠，敬畏无限之宇宙。

以古之法，为今所用，乃向内求而为外。

面朝茫茫宇宙，一点人性微光也足以贯穿时间的洪流，铸成无形之永恒。

匠作之本源也。

照而常寂

寂而常照

石，原本与树木草丛为伍，日月星光为邻，当它被雕凿成一件人形之像，便具备了形而上的属性，各种带有人类隐喻的符号遍布周身，此前那种自然之色已完全褪去，以一种新的生命姿态徐徐登场。无论是古埃及的陵墓雕刻还是古希腊的神庙雕像，抑或是石窟佛像，都是从染缸中、从时代的沙漏里，经过沉积与萃取，把心性凝结成形而下的实相。

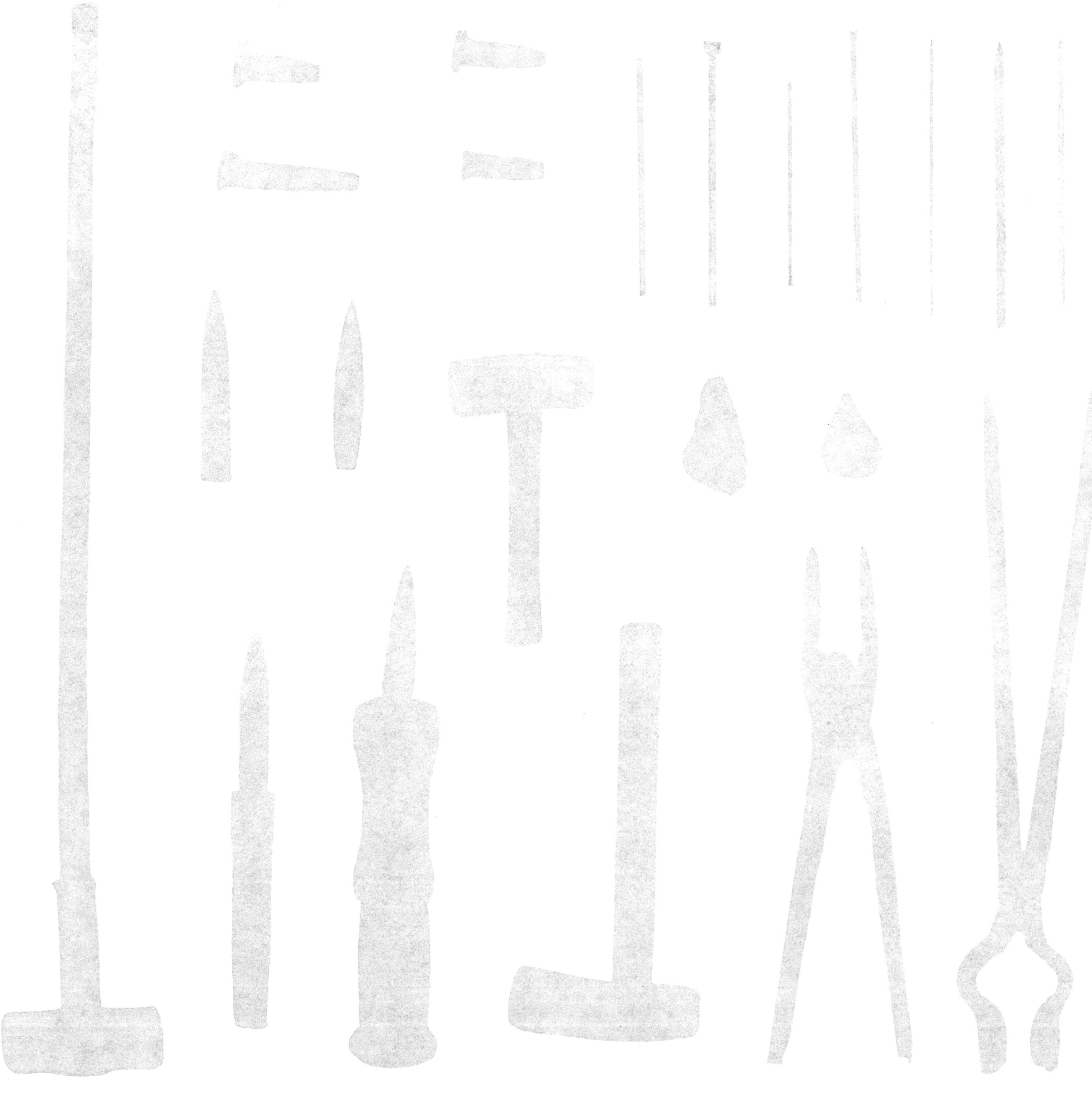

造影

造影
221
—

序

金申

中国艺术研究院教授

近年来，我从网络上读过阳新关于佛教雕刻艺术的一些文章，后来他又送了我一本他的专著《梵物志》。实说，此前我在古代佛教艺术研究的圈子里没有听说过他，这原因就是他的写作方法可以说是另辟蹊径、独具视角，与传统搞佛教艺术的思路和视角不同。

阳新本人是个雕刻家，具备丰富的雕刻经验，能亲自操刀创作佛教题材的雕塑，因此对石雕造像另有独到体会。他更多地着眼于古代石雕的材质、雕刻的工具和刀法，进而通过雕塑作品呈现出佛像的空间构成及光影的艺术视觉效果。

因此，他的论著和常见的佛教艺术考证的题材和写作风格不太一样。也可以说，在佛教艺术史的研究者里还没见到过他这样的写法，是从一个全新的视角重新审视中国古代佛像雕刻。因此，读他的书，令人耳目一新，有人所未道之感。

但阳新此书又不是故意标新立异，以怪炫人。他仍然是在参考了很多古代文献和近现代国内外佛教艺术学者研究成果的基础上，实地考察大量古代石窟，从而将理论付诸实践，对佛教艺术重新加以诠释，这是难能可贵的。

这本新书《恒寂》从造像工艺着眼，尊古法、拟古意，以艺术匠人的角度结合学术研究去看待中国雕塑所蕴藏的审美意境，并由此延伸出许多独特的见解，是对中国传统石雕艺术的深入挖掘与继承。希望此书能对佛教艺术学者、古造像爱好者、关注中国传统艺术的人群提供另一种研究与观看的视角。

他山之石可以攻玉，我搞了四十多年佛教艺术研究，翻阅此书，仍觉得有所启发和收益，故欣然草书以上，作为此书之导读。

金申

壬寅年春，抗疫之月

自序

万事皆有因缘。

回想起十几年前，那一个太阳很大的中午，我仔细地摩挲着一块北朝造像残片，古人的打磨痕迹细如发丝、如绵长的音律，衣褶转折处厚积的岁月尘土被阳光照出五色华芒，我仿佛看见光影背后站着一群古朴、憨实的匠人，听到一千五百年前山岭中的长歌，混杂着叮当作响的开山凿石之音，时间慢了下来，心底涌起一股暖流，全身的细胞都沉浸在一种温和宁静的场域中。至夜，竟无法入眠，把石块放在枕边，久久凝视。

从此，开始踏入研究古造像这条大河。

十数年来，研习未曾间断，时常奔忙于石匠工地、山野石窟与三尺案头之间，自知是缺少慧根之人，只好以勤劳填补。无甚成就，略有小得，也曾有著书，也曾做过一些讲习，但那些都是粗浅的皮毛学问，一路走来，古造像无形中给予我的要远远大于我为它所做的一切。

2021 年 5 月份，我在曲阳县的石匠作坊里与几个做传统石刻的师傅一起，用传统手作的方式雕刻了一件北朝样式的佛首，并全程纪录了下来。法古人，拟古意，早出晚归，慢节奏的流程，单调枯燥的工序，日复一日之余，深感古人造像之艰辛，内心也变得宁静如历经禅修。期间，某一日偶然翻出了以前创作数字摄影时所画的草图，有许多概念是落在纸上未曾去实现的，于是就萌发了把这些草图制作成雕塑的念头。2021 年 7 月份，我带着这些手稿和经过调整后的概念图再次来到曲阳县的石雕作坊，历经 5 个多月时间完成了这批作品。传统的工序，传统的手艺，以古造像形制为基础，用超现实的并置方式完成了这批作品，完工后已到冬季了。看着纪录片中大家的穿着从短袖逐渐到裹着厚外套，从与阳光、绿荫相伴逐渐到周边草木萧瑟，一件件古风浓郁的作品也终于从石头中脱胎而出。抚摸着这些带有人性温情的刀痕，感受起承转合之间的传统韵味，心底涌起一股暖流，这一刹那，恍然中，与十几年前拿着那块造像残片时的感受竟有奇妙的相同。

人不能两次踏入同一条河流，然而却可以同时走两条路。
于我而言，习古与创作这两条路实际上是走进去与走出来的分别，互为彼此，互相纠缠。
书中每一件作品，无论摄影还是雕塑，起初创作的时候并没有目的性，也未有出版或者展览的计划，更没有商业考量，纯粹只是一股原始的表达欲望在背后推动，一个念头起于空处，一个契机让其落于实地，仅此而已，就像一朵自然开放的花。

过去与未来的每一个个体，狭小与恢宏，平凡与伟大，都是永恒寂寥之宇宙所开出的平静之花。

2021 年冬月，阳新写于济南城西

法古

法古的意义

依照古老的工序，通过有温度的双手，让一件一件手作之物逐渐成形，最后落地生根。感受着古人的余韵，内心升起一种莫名的沉静和踏实，似乎曾与古时风月同行，这份心灵上的感受已是无形中的馈赠。

我有两位做古家具修复的朋友，经营着一家古代木器修复工坊，坚守在北京通州台湖镇的平房里。说坚守是不过分的，因为他们维系着古家具收藏圈里一个较窄的门类——寺庙器物，有许多复杂的装饰与微妙的造型细节必须要靠传统手工修复才能与古意相衔接，电动机器只能取代很小一部分工作。

慢工，细活，高要求，他们倾注的心血与收入往往难以成正比。

高年份古代木器经常是支离破碎的，许多雕刻纹样与构件的缺失，增加了复原的困难，特别是在缺乏相关参照资料时。一块残缺的雕花板需要补齐，一把椅子的牙板需要复原，一个破损散架的供案需要重新修整……这些活计只能通过经验丰富的木匠师傅用传统的工具慢慢完成。同样一朵花纹，用刀的多少与塑造的方法直接决定了它最终的气质，于普通人而言，两者其实并没有什么区别，但于匠人而言，“你永远都要按照自己心中最高的标准去对待它”。

这种考量不仅是技术层面，更需要匠人对传统符号和时代意蕴有深层次的理解。
谨慎动手、多思考、多论证，不厌其烦地画许多草图是常态，有时候一件残缺的木器被完全修复成功，竟能耗费一年的时间。
法古——延续了古物的生命力。

很多年前，有一次与一个石雕老师傅聊天，他跟我说：“古代人雕的东西，你仔细去看，是能看出这个工匠性格的，用刀的方法啊，雕刻的步骤啊，很多地方都能感觉出来。”
老师傅姓刘，他在山腰有一个自己的作坊，那是用民国时期留下来的祖屋改建的，附近除了有几户农家，剩下的就是树和各种杂草，每次去，都要穿过树丛，再走一段弯曲的山路。
一推开院子大门，就能看见各式各样的仿古石雕像，有的靠着墙壁，有的躺在地上，有的还没雕完。含蓄的轮廓，斜靠在木架子上，就像一段黎明前的沉寂。刘师傅雕刻的佛像，造型沉稳得当，神情颇具古风，能让人静下来看进去。

他并不缺少订单，甚至很多订单都被他拒绝了，他只想慢慢地做这些事，内心不带一丝焦虑的成分，心平气和的那种。何况每天都戴着口罩在充满粉尘的环境中忙活，这对一个老年人来说，总是不合时宜。但现在的年轻人很少有人愿意去干这个行当了，他的孙子辈们每天放学回家都拿着手机围坐在一起，盯着炫目的屏幕，手指划拉个不停，眼里放着光，那是一个前所未有的新天地。

拿起凿刀的刘师傅，就像沉浸在一曲宏大乐章中的指挥家，那是属于他的世界。

屋里的案台上有很多博物馆和石窟的雕塑图册，有的都已经被翻脱页了，粘了好几层胶布，又泛了黄。墙壁上贴着各式各样的临摹图稿，都是先用铅笔打好格子，一点一点描出来的。这情景让我想起通州那个木器修复工坊、想起平遥县城那个做传统泥塑的师傅、想起青州那位为复原一件破碎的陶罐而费尽心神的朋友，想起许多在自己爱好的领域里默默潜行的人。

法古必然是一个走向古人，与古对话的过程。

与古对话，最终都是与物的对话，所谓格物澄怀，实际上是一个自我辨析的过程，在这个过程中，你内心的某个部分已被塑造。任何一件古物，如果它没有让你变得更加平静和宽广，没有让你对宇宙更有敬畏感，那也许是你还没有足够了解它。

工与艺

开采石料、规划出大形、在石料上标记好轮廓、大块面切割、进入到细节的刻画工序，这是一个古今不变的雕刻流程。

对工匠而言，在动手雕凿之前，雕塑的样子就已经在脑海中形成了，他的工作只是把多余的石料去掉。时代所给予工匠的标尺和审美观念将直接影响其处理方式：比如雕刻一个手指头，北魏后期汉化阶段的拙纳、扁平感与唐代的饱满立体感，这两者的处理技巧就大不同，工匠潜意识中的思维习惯也不一样。

工匠作为执行人，尽管也有其发挥的空间，但更多时候他只能忠实于时代图样，而并不是以一个艺术家或者创作者的身份去雕刻。目前很难去探究早期的石雕粉本图样，只有关于壁画的粉本遗留。但有一点值得一提，根据现在存世的汉传佛造像样式来看，至少在唐以前，粉本的样式没有绝对统一的标准，各地区千差万别，并非严格按照图样去制作。

震旦博物馆、博兴博物馆、龙门石窟等，都有工匠没完成的半成品，这些作品可视作古代石匠工作方式的活标本。

震旦博物馆那件北魏晚期背屏式佛像，一只手已经打磨完毕，一只手还只是一个轮廓，从中可见古代工匠雕凿手的流程，首先刻出框架，然后用凿刀像素描排线一样，一点一点塑造出手掌的肌肉起伏。这些线条的走向代表了工匠心中对于雕塑的形体理解——是由简单的几个扁平块面构成，手指秀长，带着指甲，没有指骨的凸起。打磨完成后的左手简单、概括化。其中指节的长度和比例与真实的手并不同，尽管有粉本的限制，为何不能雕刻得更像真实的手指，或者衣服的褶皱更逼真细致一点？工匠也会思考这些问题，但最终中国传统雕塑并没有走向类似于古希腊古典时代的具象写实性，而是一直在特定的框架内延续下来。我们看到现代的财神像、关公像，以及诸多有传统观念的雕塑都在延续这一套造型语言。

在逐步细化的过程中，佛像的四肢、头部和五官轮廓逐渐显现。工序越到后面，进度越慢，形体的起承转合需要更为精准的拿捏，但应该要注意到：中国古代的工匠，在塑造细节的时候并不都是从整体一步步推进，而有很多是从局部开始深入的。比如上面提到的震旦博物馆那件北魏晚期的半成品，手指都已经完成了打磨工序，光滑细腻，但其他地方仍然还是粗砺的外形；面部五官已经打磨结束，头发还只是一个模糊的轮廓等，这些细节是有目共睹的。除了存在分工不同之外，这其中至少体现出了雕塑本身被主观化的一面。

在最后的细节雕凿过程中，工匠会用笔在石头上描出需要雕刻的细节，比如：五官、璎珞配饰、衣服的纹理等，作为精确雕凿时的依凭。

例如眼睛的雕刻，是一道非常精细的工序，需要下刀十分谨慎。一开始，眼睛的位置是两个橄榄形的凸起。之后，在凸起的球体上精准地画出眼睛的轮廓和位置。经过许多遍细微雕凿之后，眼睛已初现雏形，当用刀开出眼线，深入剔除多余的部分，眼皮睁开，冲破了之前那种若有若无的含混，便瞬间清晰明朗起来。
眼睛从平面到立体的转换完成之后，一旦定型就不再有改动的余地，这不像雕刻其他部位，有许多浮动的余地，比如雕刻璎珞，珠子略粗一点或细一点都不影响观瞻，但眼睛的大小、眼线的长度、线条的走势都需要在毫厘之间拿捏精准。

眼睛部位的雕刻工序完成之后会画出眼球与眼线，或者镶嵌眼珠。
可见，从画出样稿、到立体雕刻、至最后的彩绘，其实始终都包含有绘画语言的叠加。一千多年过去了，现在我们依然能看到这种绘制，体验到雕塑中的画意，它是一个平面法则的立体转化，对照古希腊古典写实主义来看，中国古代雕刻一开始就是全因素，遵循于自然和理性，这是两者的不同。

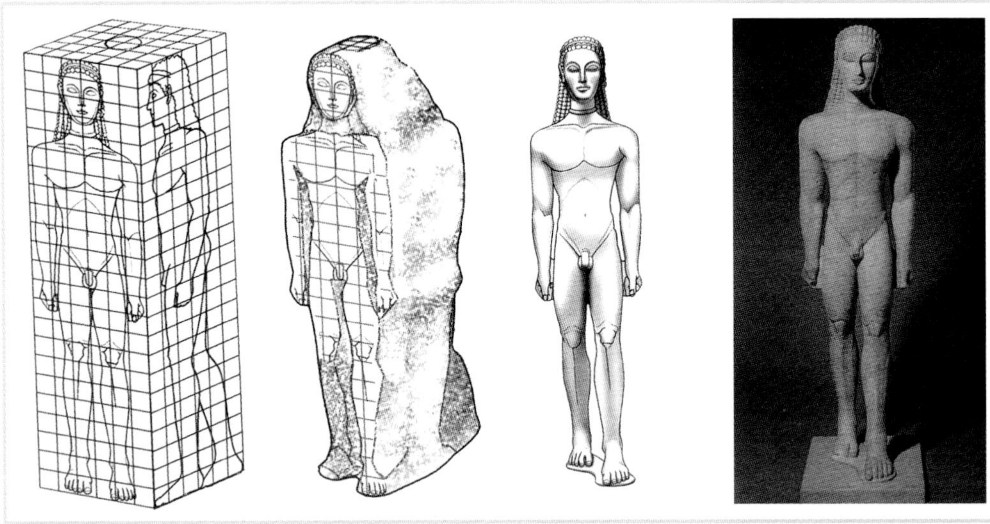

1

2 | 3

1 古希腊工匠雕刻库罗斯时的流程简图

插图来自于《THE BODY BEAUTIFUL IN ANCIENT GREECE FROM THE BRITISH MUSEUM》

2、3 青州工匠所绘制的图稿与所雕刻的实物

1 | 2

1、2 震旦博物馆的半成品造像。由于未完工，保留了难得的工序信息，可窥见当时的工匠对人物结构的理解

中国雕塑注重线条本身所营造出的韵律感，埃及、亚述、波斯的雕塑同样也都非常注重线条。波斯波利斯的雕塑线条极致精简，对疏密张力的控制能力简直无与伦比，力量感与雄霸的神性完全依附在这些处理方式中，即使是表现普通朝贡者的衣服，褶皱的线条张弛之间也在体现这种气场。古风时期陶瓶上的神话人物，看起来像速写一样的形体，带有强烈的平面趣味，与雕像一样，对线条的依赖性要远大于后期古典写实性雕塑。

但中国雕塑以线条的韵律感为骨架所构建出的法度关系实则服从于更深层的、更根深蒂固的世界观。“气韵生动”或“移其形似、尚其骨气”都需要立足于一种特定的看待这些雕塑的方式，脱离文化语境几乎无法去体验这种感受。

曲阳西郭村清化寺大佛，高近 8 米，雕工极精，衣纹转折回旋的细节似行云流水，包括衣服下摆密集的褶皱，全都被处理成理想化的弧形，体现出线条所能达到的极致表现力

有时候，古造像那种强烈而复杂的浸透力甚至会让人沉默，难以用言语表达。“对于不可言说的东西，人们必须以沉默待之”，沉默即道不可道，名难以名。《华严经》云：犹如空中之鸟迹，难以言说难可示。

若一定要用语言去描述，最言简意赅的恐怕只有“气韵”二字了。

言及气韵，每个人的理解和看待的视角是不同的。

我们习惯于把气韵的落实点归结于造型与线条所组织成的形式感——美学层面，很少考虑工匠的视角。古代工匠当然不会以这样的角度去看待这些佛像，他们没有经过系统的美术训练，不具备当代人的审美观念，只是依循前人积累下来的雕刻经验，按照图样和实例一刀一凿地雕出一个形体来。现在青州以及曲阳地区很多传统石匠还是按这样的方式去做。

那么这里面就存在一个塑造手法与工匠对形体的理解问题，比如鼻子是如何一点一点凸显出来的，头与肩膀的比例以及两者的结构是一个什么概念，如何让脸部看起来更丰满等。用刀去实现，自然会依循用刀的法则——在石头上做减法的法则。精细入微地去看待，就不仅仅只是停留在一眼可见的造型上，那些微小的块面转折，细碎的打磨痕迹，毫厘之间都暗藏着工匠的主观意图，了解这些之后，对于理解中国传统雕塑的造型规律，或者更深层去体会古代雕塑的气韵有较为实际的帮助。

若具体到每一名工匠，除去技巧的生熟之外，各人的脾性与雕凿手法以及对“好看”的理解是有差别的，特别是地区之间的差异最为明显，这种差别也可归纳到气韵之高低的层面，论画有品格高低，古造像自然也有上下等级之分。另外，还有时代的差异性，北齐造像的气韵与唐代造像就不同，这又是另一个纵向比较的话题了。

当然，工匠本身是时代大染缸中的一份子，但工匠的个体差异依然是归纳在时代的审美边界之内的。此篇重在探索“古意”，关于悬罩在时空之上的风格框架，继而微聚到工艺法则上的若干问题。

/1/古石料场

关于古代石料场，此前金申先生已有较为细致的考据，如《曲阳县志》记载：城南黄山自古出白石，可为碑志诸物，故环山诸村多石工。此次所用石料正是取自位于曲阳县城南十公里的黄山，现场可以看到从古到今开采石料所遗留下来的痕迹。年代最早的痕迹无疑是在山顶端，即使保守计算，从北朝开始采石距今至少也已有1500多年了，那些古老的人工凿痕与山脚下现代机器开采所留下的整齐痕迹形成了鲜明的对比，一层层排列在一起，有一种时空叠压感。

由于受工具与运输条件所限，古人所采石料并不厚，大多数为四五十厘米以内。现在用机器开采，比如线锯，采石高度能达到数米，而且截断面整齐光滑。在现场目测估算，古代一千多年所开采的石料总量，用几台现代最高效的采石机器开采，不超过一周时间就能完成。

1 | 2

1 古石料场。为保护有限的石料资源，现在已不允许再继续开采
2 不同时代与不同采石工具在同一处采石场所留下的叠加痕迹。由于采石日渐深入，地下水涌出，形成深水潭

1

1 古代的采石痕迹，细密的阵列
2 现代人用电动工具采石的痕迹

/ 2 / 工具

大锤：
砸开巨大的石块，开大料或者打大形体使用
小锤：
雕刻时用
錾子：
是指小的尖头雕刻刀
刀子：
是指刀头较宽的刻刀
喇叭口：
喇叭形的套筒，“节约”工具
铁楔子：
开料使用
钳子：
夹子工具
打磨石：
硬颗粒砂岩，用于最后打磨石头表面

石雕的工具并不复杂，主要是钎子、刻刀、锤子、喇叭口、铁楔子、打磨石等。但各地方的匠人对工具的叫法并不一致，如小尖头刻刀也被叫作錾子，平头刻刀也有叫刀子的。平头、尖头、圆头刻刀在雕刻不同的部位和流程中使用。其中大钎子主要用于开采石料、凿出大形，简单来说是粗工使用，而錾子或刀子用于雕凿具体细节，有大小之分，小刀刻画细腻，大刀刻画粗糙。

有一种工具叫喇叭口，这是一个喇叭形状的套筒，它是一个“节约”工具。古人的工具在不断使用之后，会越来越短，当短到不好使用时，就把它插入到这个喇叭口里继续使用，无形中又延长了工具的使用寿命。

在合金工具没有产生之前，以铁工具为主，铁的刻刀是不耐用的，刀口卷了、钝了就得重新磨。铁工具淬火需要一定的经验，根据石料的坚硬程度与所雕刻的内容决定淬火的尺度，若把控不当，刀头容易脆断。过去的老匠人一般在晚上制作工具，要制作出足够白天一整天的使用量。

1 | 2

1、2 铁工具淬火，曲阳石雕匠人和海龙现场模拟

/ 3 / 采石

在曲阳县羊平镇北村的石匠工坊里进行采石模拟。

选择一块当地的汉白玉，在石面上画好所需石料的轮廓——一个长方形，然后沿着画好的四条边，往下凿出四条深槽，若另外一面裸露在外，就只需凿出三条深槽。开槽完成之后，在石料的一侧打上一排孔洞，然后用铁楔子嵌进去，再用锤子不断敲击楔子使之逐渐深入，石料就会受到挤压作用力，自然裂开。

这个开孔的形状也有一定的学问，需外大内小，呈一个梯形，这样容易受力，否则所开的裂缝难以符合要求。

此次所采石料的尺寸为三十厘米见方，用时近两天，遥想古代的大型造像，在开采石料上所耗费的时间也是不可小视的。

有经验的石匠熟悉各种石材的特性，对于开孔的数量、距离，以及石料的断裂线都十分有把握
此次采石仅打入了两个孔，最终的断裂线也在预期范围内

/ 4 / 雕刻

三十厘米见方的立方体石块首先被雕凿成半圆柱体，然后在柱体上描画出佛像的大致轮廓，经营位置，这是一个做标记的过程。此时背面依然平整，雕刻时，背面紧挨地面受力，保证像身不会晃动，直到五官轮廓逐渐凸显出来，再逐渐把雕工过渡到背面，最终雕凿成为一个完整的圆球体。当然，也有的师傅是直接在平面的方块上画轮廓，再逐渐雕凿成圆的形体，工作习惯不同，雕凿步骤也略有不同。

打出大轮廓，继而标记五官位置。石匠对于五官比例的定位有自成一套的口诀，如：立七坐五盘三半，竖三鼻子横五眼，一只手挡半张脸，等等。

也会用“三庭五眼”作为参照，在额头发髻的最高点、眉弓、鼻头以及下巴画出标记，但都会依照中线对称原则做好标记，所有的横线与中线成九十度垂直。古人是否按照这个比例去定位，不得而知，这是老一辈匠人的方法。

关于中线，许多行外人可能并不以为然，特别是有一定美术功力的人自信能凭借感觉找准五官的位置，实际上如果没有相当丰富的雕刻经验，要雕出左右前后对称的五官是很困难的。因为此时的石面是粗粝不平，雕凿时石头容易晃动，凿子很难找到准度，只有画好中线，五官位置才有了可信的标尺。在不断深入雕刻的过程中，中线被去掉了又得重新画，一遍又一遍，雕一尊佛首从开始到结束，画十来遍中线是通常的事。

1

2 | 3

4

1 北齐样式佛首草稿

2、3、4 从圆柱体开始雕凿，让脸部逐渐成圆球体

这里还存在一个关于佛像五官是否有必要追求十分对称的话题。

确实，古代有些佛像五官并非全是对称的，有时候两个眼睛都不在一条水平线上，大小也不一致，但是这些例子不能成为古人雕刻佛像没有标尺和准绳的证明。不准确，绝不是古人追求的目标，只是侧面体现出古人对造像仪轨的包容尺度。我们应看到还有更多的高等级造像其五官比例是十分对称的，比如邺城造像、云冈石窟与龙门石窟的大体量佛像等，都没有出现比例失调的问题。因为造像本就存在一个仪式感属性，“像”与“相”是一个共同体，具有符号性，所以需要规正、对称、平均，这样才符合圆满之相的特质。

北吴庄出土的邺城造像，五官十分对称，比例协调，这是在中线的基础上不断修正调整出来的结果

龙门石窟未完成的唐代造像，其面部五官并没有刻意追求对称

从大形体逐渐细化，用小凿子一点点凿出五官的轮廓， 值得注意的是凿子在塑造形体时所留下的痕迹，就像素描排线一样，每一根线条都落在立体石材上。但与素描又不同，素描是通过交织产生的深浅变化营造出形体感，而刻刀是直接用剔除的办法把体积显露出来，这个刻刀痕迹其实代表了工匠对于佛像面部结构的理解。

刻这些线条时会有一种微妙的内心体验，雕刻不同时代样式的佛像，你用刀的情绪也会不同。
如雕刻北魏褒衣博带样式的佛像，往往不自觉间你走刀就开始利落爽直起来，内心也会有飘逸之感。而雕刻明清样式的大肚弥勒，处理那圆滚滚的肚子，雕琢出和蔼的笑意，内心涌起一种世俗的满足。
无论如何，当拿起刀时，只有心与神会才有可能雕刻出具备古韵的作品。

我们看到这件北齐样式的佛首，其整个脸颊的肌肉近似于球形，工匠顺着这个球形排出一条条刻刀痕，呈现了一种丰润的体积感，丰润但不是鼓胀，有匀称内收的情绪。下巴则是另外一个小球体，工匠在此处又单独走了一遍刀。雕刻至此，佛首已初具雏形，之后的步骤就是在这个形体基础上不断深入。

眼睛起初是一个杏仁状，含混的状态，开眼线一般留在后面完成。古代造像中也有许多佛眼并没有雕出眼皮，比如巩义石窟中有些佛像就只是把眼睛雕成一个球体，后期再进行绘制；青州造像里也有这样的例子，很多小型造像的眼睛就是绘制出来的，而没有雕工。

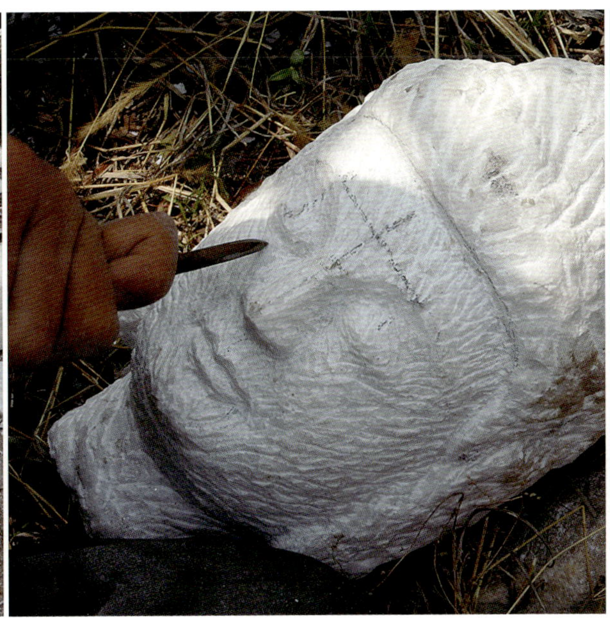

五官形体感凸显出来后，是逐渐深化的过程，每一遍深化雕琢之前都要重新画好标记，越往后，标记也画得越来越精确。工序越到最后，出错也越难以挽救。可以看到眼睛已开了一条缝隙，当然，也有一直到最后才开眼线的，这并不是固定的流程。随后，整个面部用大平头刀铲一遍，把此前那些刻刀痕迹都铲成平滑面，整个造像的大致模样出来了，细节已经较为清晰。

同时进行的雕刻还有一件拟唐代天龙山样式的砂岩佛面，一开始就是大刀阔斧般塑造形体，其面部肌肉饱满外放，用刀也比雕刻北齐佛首更有张力，整个脸型是一个大圆球形，这与北齐样式的秀润之气不同。在这个阶段最能看出工匠的技术水准，若拖泥带水，线条犹疑不决，最后的结果也一定会差一点气韵。

同时雕刻的天龙山唐代样式佛面，可见在雕凿大形体阶段就能感觉到线条的张力，五官也更为写实化，工匠对于嘴唇的细节处理尤其精准，小而薄，略上翘撅起

巩义石窟有很多这样的例子，眼睛并未刻出眼线，通过后期绘制

标记好两眼的位置，画出眼睛的轮廓，不断衡量眼线幅度，这是一个细长的柳叶形，需要画得十分准确。定稿之后才会把眼睛刻出来，一旦刻出来，就很难有改动的余地

逐渐把此前毛糙的表面凿平

这也是一个不断修正形体的过程，这个阶段结束之后，整个造像的开相就已经成型了，无法再有大的更改，剩下的步骤只是在这个基础上不断向精细化推进

关于佛像的眼睛，还可延展出许多比较有意义的话题。
北魏时期有许多睁开的大眼睛，在面部五官中，其比例夸张，可谓奇特。北齐时开始，眼皮逐渐下垂，比例更趋协调了，有的就只是一条细缝，给观者的感觉是佛像正在一种入定沉寂的状态中。相比之下，唐代的眼睛就更有力量感，如这件拟唐代天龙山样式的佛面，眼皮的起伏力度明显，更具弹性，虽然同样是微微下垂，但显出威严之气来。总体来看，佛眼造型都未曾符合现实人眼，更多是一个抽象的、概念化的符号，这种经过主观艺术加工的佛眼形式感十分强烈。

这就能理解为什么中国的工匠不需要经过写实性的训练，仅凭经验的传承也能雕出十分伟大的作品。

1 | 2 | 3

1、2 北齐响堂山石窟造像与邺城造像，尽管眼线并不像青州造像那样细成一条缝隙，但也是一种含蓄淡然的状态
3 唐代天龙山造像，即使眼皮低垂，也显出一种力量感来

拟唐代天龙山造像之意，此尊佛首眼皮雕刻的厚度和张力与北朝时代的佛眼样式传递出两种截然不同的感受

中国雕塑里四处充满主观性，由线条及其构建起来的美学体系让这种雕塑具有抽象意味。“线性”是先入为主的，并不是从体积和空间开始。五官的轮廓线如此明显和锋利，它与阴线刻共同组成一种线式感的雕塑。而不像古希腊古典雕塑那样，一开始就从“体积”的角度去理解。

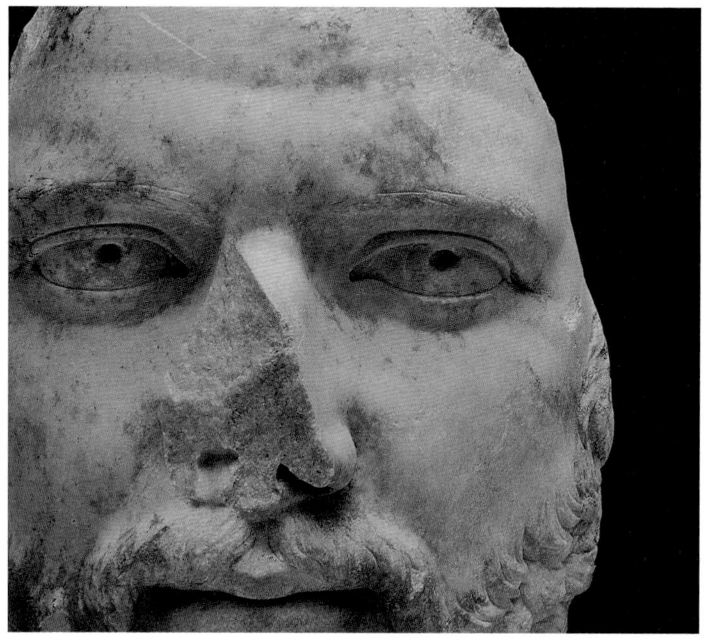

左图为河北博物院藏幽居寺北齐佛像，眼线以及眉毛的阴刻线突出以“线性”为骨架，以线带面。右图为雅典国家考古博物馆藏哈德良的头像，从体积感出发，以面汇聚成线。古希腊以及后来文艺复兴时期的许多雕塑，有些眼珠是通过凿出巧妙的孔洞，利用自然光影来实现眼珠的高光与阴影，模拟出通透的立体感，这在中国雕塑里是难以见到的

/ 5 / 调整以及打磨

最后的工序是精雕细琢以及打磨。这个阶段动手较少，观察较多，慢慢微调局部。但此时也只能做减法，如鼻子高了可以改低，嘴角可以加深等。工匠们常常会在一起讨论很长时间，或者把佛像暂时放一放，过段日子再看，想法可能又会不同。

古代打磨的工具有几种，以砂石为主。砂石有着坚硬的颗粒感，可以把表面起不平的细节打磨光滑。但并非是机械式的磨平，而是紧随造像形体的结构去打磨，这样会让作品更具结构感和整体性。打磨完之后，有些雕刻的线条会变得含糊，可以用刀再剔一遍，这是一个不断调整的阶段。简言之，佛像整体的神情逐渐靠近工匠内心的标准，所以每一件佛像都是古人内心对至善与完美面孔的写照，是博大的、包容的、救赎的、慈悲的集合体。

值得注意的是古代佛像并非打磨得面面俱到，比如后脑勺、耳朵背面、有些犄角旮的地方是未打磨的，甚至也没有精细处理平整。这是因为后续有妆彩，刮上一层腻子之后，未打磨的地方都会被抹平，尤其是石窟造像，处处可见雕刻痕迹。到这一步，佛像的雕刻工序就已经完成。

靠近看，你会发现佛像表面有细微的人工痕迹，那些不平整的细微小凹面、打磨时的线条变化都留在石面上，而这些痕迹也是完整作品的一部分，工匠的每一丝情绪、心迹的变化都交织在这些痕迹中。

机器雕刻与打磨是高效的，然而最终呈现的往往是僵硬的线条、呆板的细节、过于规矩的形体感，没有人工雕凿所凸显出来的自然灵动。当然，机器工也有更高级一点的做法，雕刻大形体用机器，最后收尾用人工，雕出来要比纯机器雕刻好许多，完全可以满足普通观者的审美需求，但从严苛一点的角度来看，或者从辨伪的角度来看，是难以过关的。

根据形体的走向，用粗颗粒的硬砂岩打磨表面，这是最后的工序

变化丰富的手工痕迹，靠近看表面有非常细微的起伏，有凿刀留下的坑点，与打磨痕迹交织在一起。这是手工雕凿所特有的细节，每一个局部的转折之处，五官、躯干，直到整个佛像，都充满这些有人性温度的痕迹，也是古代气韵赖以依存之处

关于时代气韵

法古，自然是法古之气韵。为达到气韵生动，所有的工艺、技巧都只是手段。

北朝与唐代，中间还夹着隋代，跨过去不提是因为隋代造像太接近北齐与北周了，有时难以区分，故不再费神单独讨论。而唐代造像是另外一个高峰，对后来朝代的造像样式有着深远影响，单独提出来作为典型与北朝对照，能映衬出两种不同的时代气韵。

北齐是北朝最后一个阶段，这个时期的造像已不再具有东魏和西魏造像那般清秀和风骨感，而是看上去有饱满、和谐、丰盈的体感，恰恰是这种观感，让很多人难以区分唐宋造像与北朝的差别，比如碑林博物馆有把唐代造像的年代标为北周，把北周造像的年代标为唐代的情况；济南市博物馆把一尊北齐佛首的年代标为宋代；国家博物馆有一次展览也把山西博物院的一件北齐佛首的年代标为唐代等等，这种例子屡见不鲜。

从某种层面来看，北齐、北周造像与唐代造像无疑具有很多共性。
北齐皇室高氏为鲜卑化的汉人，皇室内西胡化风气极盛，且沉迷于西域歌舞。自王朝建立之始所依靠的六镇军人一直反对孝文帝汉化政策，宇文泰和高欢也都是反对孝文帝汉化政策的。如陈寅恪先生所言："魏亡后，众多的西胡都归入北齐政权之下，他们不仅影响到北齐的历史，而且影响到隋唐的历史。"只不过北周宇文氏为巩固政权，也做出过一些维系胡汉的汉化政策。
此时的造像改变褒衣博带的服饰，接纳外来的笈多样式，也正符合情理。脸型圆润，神态内收，具有古典美感。服饰也颇具异域特征，如曹家样的袈裟、菩萨的配饰、联珠纹样等。

由隋入唐，唐代是更为博大和包容的时代，多边贸易发达，外来文化与本土文化汇聚在一起。这两个时期造像存在一定的共性。首先，服饰虽更显多元，但整体沿袭了前朝的风格，如龙门石窟卢舍那大佛的通肩式袈裟在北齐与北周时就已存在，而此前少有的钩纽式在唐代大为流行，雕刻技术也趋于娴熟。其次，佛像的比例协调匀称，开脸大气、俊朗，眼线很长，甚至也有唐代佛像的眼皮是微微下垂的。最后，再看佛首，北齐与唐都在追求圆润饱满的开相，发式也有很多是共通的，比如螺发、磨光式肉髻、涡卷发纹等。

但我们要注意其中的差异。
通过大量的实物比对可知，在整体时代气韵上，两者存在明显的不同。
简言之，北齐造像有更多超脱和宁静的气质，唐代或以后的造像更有具体和沉实的感受，就是沉甸甸的，来自于生活和俗世的真切感。当然，这只是抽象化的表达，若论具体，《梵物志》书中的《佛首密码》那一篇已经有详细的比对，但这里从雕刻的角度出发再讲一讲。

两者的差异可归纳为轻盈与沉实的对照。
北齐的佛像，有轻盈的意蕴。比如磨光发式可薄到几乎与光头类似，涡卷纹式就像戴了一个薄薄的帽子。但是唐代的磨光式就较厚实，涡卷纹会高凸出来，整个肉髻也很突出。
另如眼皮，龙门石窟卢舍那大佛那样深邃厚重的眼睛在北齐时期是罕见的。相比之下，北齐或者北周的佛眼，眼皮线条轻盈、飘逸，有的甚至只是一条细线。
唐代佛像的嘴唇紧实有力，丰润饱满。相比北齐的薄唇就更具细润之气，这种薄的形态让整个佛像的造型处于一个更为简练的外轮廓之中，这种意境体现出纯粹超然的北朝气韵。而"厚"往往是与庄重雄浑的气度有关了，它无疑是属于唐朝的。

依次是青州龙兴寺北齐佛像、邺城北吴庄北齐造像、定州博物馆北齐造像。北齐造像的开脸具温润之气，眉目细长，神情内秀，轻盈而超脱

依次是龙门卢舍那唐代大佛、山西博物院唐代佛像、天龙山石窟唐代佛首。唐代造像具浑厚庄严之气，五官塑造得强劲有力，气质沉实而具体

这种气韵差异延伸到服饰和身体形态上，青州北齐的“曹衣出水”，完全裸体状的薄衣与唐代衣纹厚实的状态形成鲜明对比，北齐造像的肌肉也不如唐代壮实。

北齐造像的脸型圆润丰盈，但却没有肥的观感，所谓张僧繇“面短而艳”的画风，实则是指有丰腴的美感。而唐代造像是真真切切的肥美，有些唐代佛像的脸部肌肉甚至接近臃肿，下巴浑圆，面颊鼓出来，小嘴紧抿。

简练、丰腴与含蓄的笑意自会有轻盈的气质，雕刻北齐佛像的开脸时，要注意整体外形的简练，走刀与打磨都在考虑这个因素。雕刻唐代佛像就能放开许多，局部结实的形体感让外在的轮廓线变得富有节奏和弹性，他的分量感是具体的，实实在在的，不像北朝那样含蓄。另外，有的北齐佛像的眉线只是浅浅的一条轻盈的弧线，如一弯新月，但在唐代造像里，同样的眉线就明显更有张力，硬朗之气更足。

轻盈与沉实的对照体现出两个时代差异化的审美特质，这是较为明显的感受。

1 / 2

1 北齐响堂山石窟造像，轻盈的眉线

2 唐代天龙山石窟造像，强劲的眉线

这件北齐样式佛首，从采集石料到最终完成，历时 7 天。中间也用了合金头的刀子，若完全用淬火的铁工具，工期会延长两倍以上。参与雕刻的师傅是一位 80 后，我画出图样，共同打出大轮廓，他雕凿出五官的基本形体，最后是我修整的细节。师傅在演示雕凿五官的时候，手法熟练，下刀果断，没有美术功底的人完全凭借师傅传承的经验，雕出的立体感让人信服。对于各个地区的造像风格，他早已轻车熟路，能说得头头是道，比如谈到天龙山唐代佛像的嘴巴，“小嘴往上撅起”，形容得很贴切。

最后，总会谈到古意的问题，古代造像的气韵是建立在当时的历史背景下，古代工匠所造之像纵有千般不同，也总有古代的韵味，现代人仿古更多是在揣测，被动大于主动，况且还有眼高手低的因素，即使是现在最优秀的石匠做仿古，也很难有十分出色的作品。“气韵”是远在手上功夫之外的。

每日早出晚归与师傅一起干活之余竟有浑然忘机之感。凿子打在石面上所发出的叮当之声，以及那些被剔除之后四散飞溅的碎石屑，似乎形成绵密的磁场，将尘世杂念与之隔绝，枯燥单调却沉静踏实。

手工雕刻的作品带有人性温情，毫发间的灵动感是机器取代不了的，但手工无法与机器比效率，样式也跟不上时代潮流，曲阳做传统手工石雕的师傅越来越少，卖手工雕刻工具的门店也越来越少。杨师傅是十分踏实的老石匠，虽然是 82 年生人，但已有二十多年雕刻传统佛像的经历。我问老杨：你的孩子还会继续做石雕吗？

不会了，太苦了。

那你呢，雕到啥时候？

我可能一直雕到雕不动为止吧。

爲今

恒寂

本来有很多路，走的人少了，也就没有了路。
——曲阳县羊平镇的三轮车老司机

很多时候，我都愿意盯着一块古人雕凿过的石头陷入一种迷思之中，那些细密的刀凿与打磨痕迹所织成的情感之网把你包围，刹那间，陷入光影朦胧中，与古时烟云混为一体。
这是人与时间共同创造的艺术。

我总是自言在同时走两条路，但更像是两个自我分别往一条路上的两头行走。
打石头，研习古造像可算是一条往里头走的路。
另外一头是走出来：习古的基础上做雕塑，绘画亦或是创作数字影像等此类可算是一条往外走的路。两头看似分开，实际上是互为纠缠的关系，一方必然会影响到另外一方。

“大魏天平三年六月三日，张河间寺尼智明为亡父母、亡兄弟、亡姐敬造尊像一区，愿令亡者托生净土，见在蒙福，又为一切咸同斯庆……”这是青州龙兴寺出土的尼智明造像发愿文，其父母、兄弟、姐姐均已亡故，敬造尊像以寄所愿。山西晋中有一件大齐武平五年的铜鎏金造像碑，上面刻有“……合家大小知身无常，财非己有，咸割资财，敬造……” 金光灿灿。

“知无常”“见在蒙福”“一切众生”“咸同斯庆”这都是一千多年前的普通人留下的独白，虽然发愿文的格式大多如此，已几近于套路化，但这是对宇宙冥冥的敬畏，包含人性的觉悟之光。

如果每一个人的发愿都能凝结成无形之象，那每一寸石面上都悬浮着八万四千个宇宙。

这是一个普通的蓝色星球，普通得不能再普通，行走在无边寂寥的黑夜中。古往今来，人们在这个星球上挖了无数个洞窟，雕造了许多巨大的神像，把内心最柔软、无助、迷惘的一面拿出来扔在漆黑的洞里，镌刻在冰冷的石面，凝结了希望、救赎，以及对永恒的想象。
金字塔、高耸的神庙、巨大的佛教石窟，这是人类对永恒的企图，同时潜藏着对时间无可奈何的恐惧。

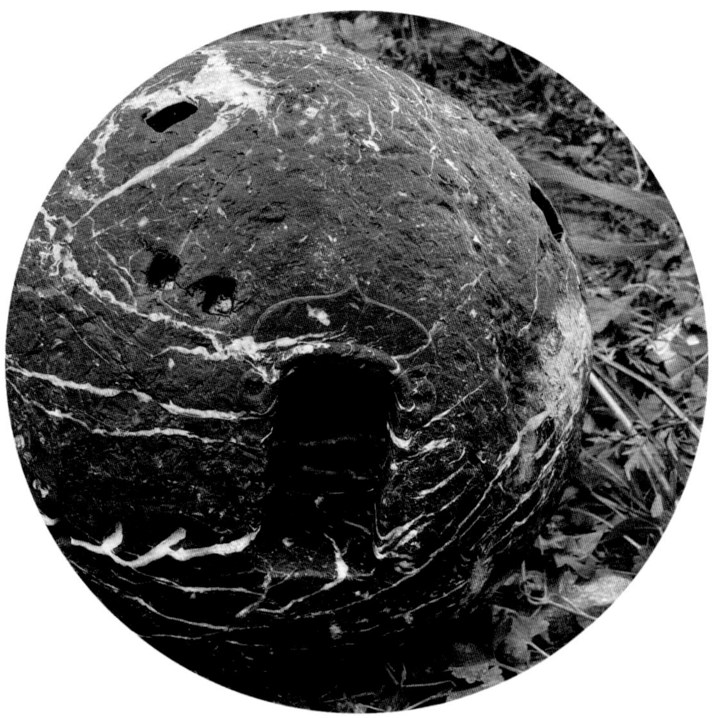

2021 年夏天，我在曲阳县羊坪镇的石雕作坊待了很久，画了很多草稿与概念图，用完全传统的手工方式做了一批雕塑。这一批雕塑与我此前制作的数字虚拟图像有契合，也是一个长期酝酿的计划。

没有事先的经验可借鉴，唯一的信心就是能造出传统雕塑的韵味。我和工匠们一起预先做了许多功课，比如开脸的特征、建筑的形制、斗拱的样式、石窟的布局等，这些其实对于在场的所有人都是一个没底的活。

打石头的过程很大程度上带有临场性，比如要造出自然的山形，如果一刀一刀去雕造出来，就会缺乏山体的自然断裂之感，而且錾子打在石面上，会有灰白色的印记，这处理起来将是一个大麻烦。最终决定用锤子随机砸出山形，全靠手感与偶然性。

开脸样式参考了几大石窟与馆藏名品，如：云冈石窟、响堂山石窟、天龙山造像，以及青州造像与邺城造像等。

一开始设想让石质与地区样式呈现统一，比如山西样式用砂岩，青州样式用山东本土的石灰岩，邺城样式用曲阳汉白玉，但牵涉到开凿石窟的问题，邺城与青州地域没有特别大型的石窟，难以达到要求，而且容易陷进一个小框架中，于是便放弃了这个设想。那件汉白玉的作品最终采用的是青州样式的开脸，建筑是以天龙山隋代窟为原型。

如《如是》那件作品，开脸参照青州龙兴寺的北齐菩萨像，利用一块带有老皮壳的石料，整体的山形经过许多次修改，背面有摩崖石刻，蜿蜒的小路连接一个小世界，右侧耳洞最后被处理成石窟，有“聆听”的涵义。

虽然山体、建筑与巨大的佛像组合的形式是理想化的，但总体需要控制在合理范围内，如同当初是一个完整的菩萨头部，损毁之后，古人又在其中开窟造像，前后左右都保持在这个设定的尺度内。

作品《空相》是较为典型的云冈石窟北魏后期的样式，脸型的线条刚劲之中带有柔和，嘴唇厚实，平坦的前额与开阔的眉线是云冈造像的一大特点。背面处理成垮塌的窟室，这也是现场随机砸出来的，内部从窟顶到窟壁都布满了浮雕，立柱也雕有千佛龛，形成一个丰富的空间。为营造出真实的石窟观感，用点燃的木柴在局部熏烤，用炭灰调和泥浆涂抹出深沉的皮壳层次。一侧有台阶上去，台阶这个元素，在每一件作品中都出现了，对于整个石窟群落来说，它是一个世界的进出口，但只能在最后根据实际情况来布局。诸如此类的细节，其实都是建立在偶然的基础上，无法去精确设定，手稿只能起到一个导向作用。

作品《空相》参照了云冈石窟的造像样式

作品对造型的要求是非常严格的，很多时候近乎苛刻。所有作品都是唐代以前的样式，并且每一件都有所本，绝非主观臆造。如《大千》那件作品，以天龙山第八窟佛首为原型，为刻画出那种淡然而又慈悲的神情，开脸与眼睛的线条都经过了仔细比对，雕刻之前还做了多次小样；《寂》那件就是以响堂山造像为样本，嘴唇的笑意经过多次微调，眉毛的弧度更改了两次，此前较为拘谨，被抹掉一次之后又调整了末端的走势，这才看起来有舒畅之气。古人轻松处理线条的能力令今人难以企及，倒不是因为技术的原因，而是拟古难免会有束缚。古人可以无所顾忌，随意的小弧线，即使左右不对称也十分耐看，所谓古意就暗含在这种毫厘间的变化中。

有几件关于石窟建筑的作品，如《穿过》《半室明月》《思惟》等，其实是单独的系列，山石中所蕴藏的般若意境为一大前提，并不仅是体现石窟建筑空间。如《穿过》，它被处理成断开后的窟室，能看到内部，像是一个剖面，很直接的空间概念；同时，它是隐藏在石头中的窟室，有温度、有人性关怀的佛教空间在坚硬、冰冷的石头中生长，并置在一起，冲突中迸生出宿命感和强烈的空寂感。从高空视角去看，或者从宇宙视角去看，就能看得十分清楚。

需要提出的是，这个窟室并不存在于现实中，它是被刻意拉长的，与我们平常所看到的石窟内部构造也不一样，没有雕刻佛像，空空如也，更像是一个空空的通道，一个长长的行走空间，被赋予了行走的涵义。两端都有门，从一个门到另一个门，从一端到另一端，很简单的隐喻，可以理解成从生到死的穿行，也可以是某种心路历程，或者仅仅只是忙忙碌碌的人生片段，嵌入到佛教空间中，以空为背景，穿行这个概念就有了特殊的指向，与修行有关，亦或是轮回。

为强化行走的视觉感，把通道的地面、窟门等地方都处理成光亮的皮壳，模拟出真实石窟内被无数人走过、摩擦过的石面，散发出岁月幽光。

1
2

1 作品《大千》的雕刻现场
2 天龙山第 8 窟的佛首

如《尽头》，是一个藏在石头中的地宫构造，从石阶缓缓下来，穿过几重门，一直往里，尽头是一个小空间，放着一个舍利函。这件作品在结构上是经过精简的，省去了现实地宫中的纹饰、供品、壁画等元素，只留下舍利函，空空如也。门、台阶与石壁，营造出纯粹简单的空间意向。一生终了，被存放在空寂的石头深处。

把自己微缩成小人，跟随着自然起伏的山岩行进，经营好位置，开凿石窟，开出石头小路与窟相连，一切都像真的在山谷里忙碌。
所有的石窟样式以及具体的雕刻皆参照古代石窟遗存样式，比如唐代石窟与北魏石窟各自都参照了云冈石窟与龙门石窟，但不是照搬，都经过了提取与重组，以确保它符合时代样式的同时又不存在于现实。就如同在某一个无人踏足的山岭，赫然矗立着这样一个石窟群，被封存在时空中。古人在巨大的山峰上雕凿出巨大的佛像，就像巨大而又坚实的信仰。一千多年风雨侵蚀，山体在时间中垮塌损毁，后来的人又继续在残缺的巨佛上开窟造像，形成一种奇观。这无疑是理想化和超现实的。

这些石窟内几乎没有具体的造像，都是空窟，强调了“窟”这个概念，简化成一个符号，这种符号无形中又被简化成“文明”或者“信仰”之物证。造型语言不作任何改变，也不去强调个人风格的东西，只求将传统雕塑的语言完整地呈现出来，尽可能多地回溯到古代造型体系中去，寻求纯正的古意；同时从作品本身来看，实际上是在做一个并置的工作，宏大与细微的并置，以及抽象的时空观，试图脱离传统造像的观看方式，把观者置于高空，置于宇宙虚空去看待这些人造的信仰。

作品《尽头》的雕刻现场

星球这个系列也是独立成章的，完全是以宇宙的视角去看待，无论是行星还是恒星，于宇宙视角来看，实际上都是一个消逝的过程截取，但这种超现实的手法：如在星球上开出石窟、搭建屋檐、甚至长出菩提树等，让时空产生了错位，似乎来自于另一个平行世界，那里集结了所有古往今来因发愿而凝聚成的宇宙，但同样被时间侵蚀，有不言而喻的寂寥与虚无。

如《行星 1 号》表面被处理成小行星的坑洼状，被撞击出密集的环形坑，换一个角度来看，这实际上是一种强烈的坚毅与悲怆，与时间对抗，在宿命中挣扎。现实中，我们所处宇宙的任何一种天体都带有这种色彩，如我们头上的月球，日夜围绕着地球行走，表面早已千疮百孔，荒凉而孤寂，这种外壳被用在作品中，带有明显的隐喻。

同时，毫无疑问，这些星球又是带有暖意的。千百年来所发之祈愿终究被寄存在另一个世界，凝固成坚硬的天体，金刚力士还以一千多年前的姿势守护在窟门两旁，窟外建筑依然屹立不倒，形而上的内容变成可触摸、可看见的实相。

关于皮壳的问题。

出土皮与露天风化的皮壳有显著的差异，前者深埋于地下，几乎没有被自然侵蚀风化，也没有局部油腻厚重的包浆。

为造出接近真实的石窟皮壳，作品表面做了一层钙化处理，看起来更接近露天的石头——长期受风雨侵蚀，表皮被沁色、钙化发白的效果，但是并没有面面俱到去追求精致入微的变化，整体看起来有沧桑的韵味即止，避免出现过犹不及的效果。

做完钙化之后，用茶叶水、泥土、烟熏等方法做出表面的皮壳层次，最后露天放置一段时间，与草地泥土为伍，风吹日晒，褪去火气，使其产生一种自然的沧桑感。最后进行局部的修饰，比如缝隙里的泥土，局部斑驳的彩绘，都是在工作室内慢慢完成的，让它们看起来就像一件真正的古物。

另外，这些作品与人之间存在一个互动的交集点——人的抚摸。就像一件老家具，越用越有融和感，人的接触会让石头表面逐渐增加一种醇厚的包浆，显露出时间的气息。

每一件作品都会露天放置一段时间，与草木泥土为伍，夏之藤蔓，冬之霜雪，吸纳自然气息，褪去皮壳的火气

传统石雕造像有自古以来的工序和技巧，有人的感情流露，毫无疑问，这也是格物致知，与古对话的基础。
比如这些石窟室，如果用纯电动工具掏洞是很快的，但是整个窟壁会留下机械性的痕迹，过于规整和单调。若是坚持用手工刀走一遍，就像古人在开窟那样，就会有人工痕迹留在那里，丰富、拙朴。

几乎不会有人探头去观察内部这些细节，况且对于普通人，两者不是那么容易分辨，但起承转合之间的人性就蕴藏在窟内，这就是我们经常会提到“耐看”，也是手作之物的特质。

寂而常照，照而常寂，那些看不见的光，贯穿古今，恒存于天地。

从日升到日落，忙忙碌碌，蝇营狗苟，从这里奔跑到那里，倾注心血去雕琢，费尽心机去做文章，实则是在建造空中楼阁，本身已在幻景之中。
一切终究会在时间中和光同尘。
一切有为法，如梦幻泡影，如露亦如电，应作如是观。

很多概念图是画在随手拿起的纸片上，只为记录即兴的想法，有的保存起来有机会成为作品，更多的草图都没能去梳理与实现，但这是思路沉积的过程

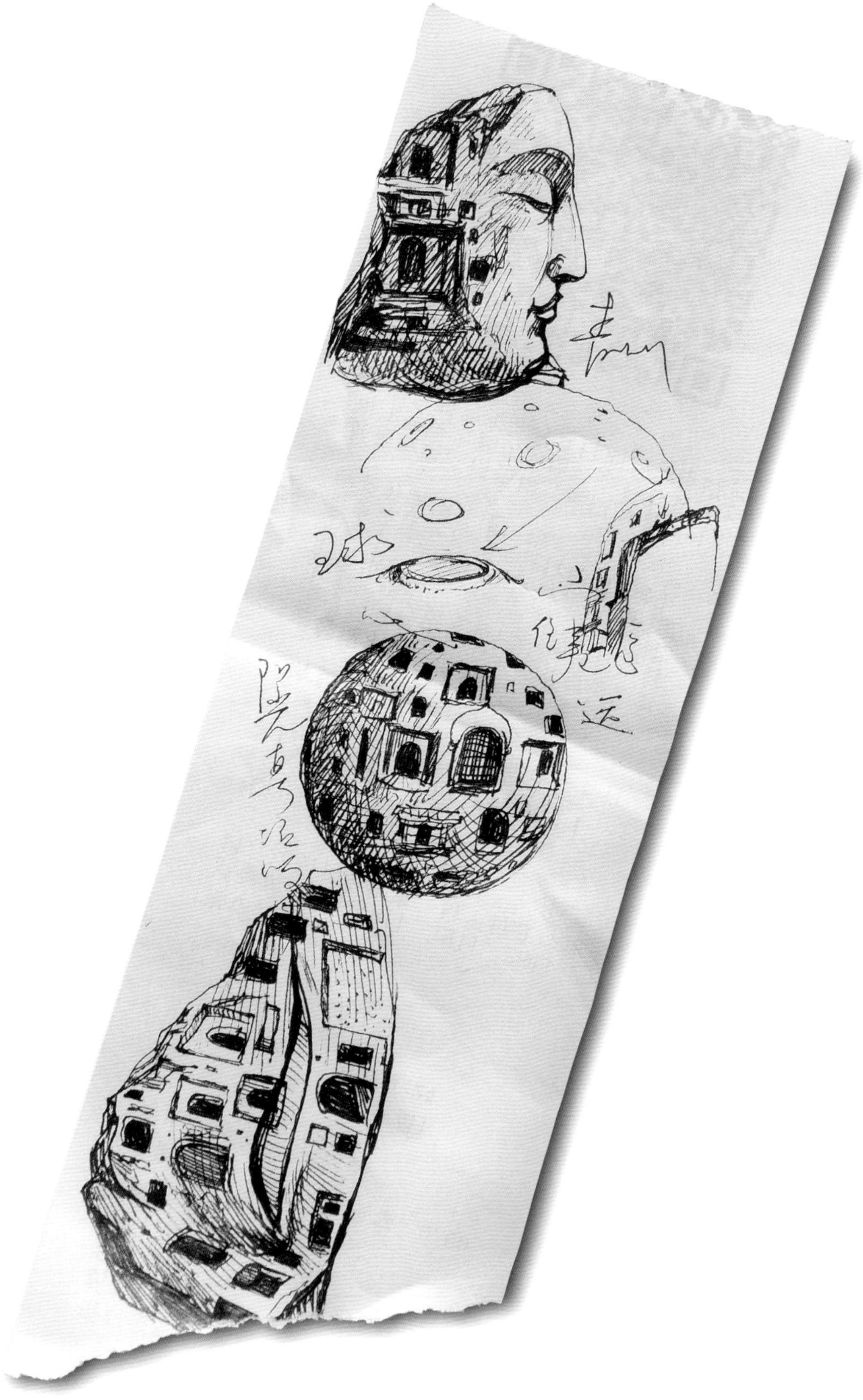

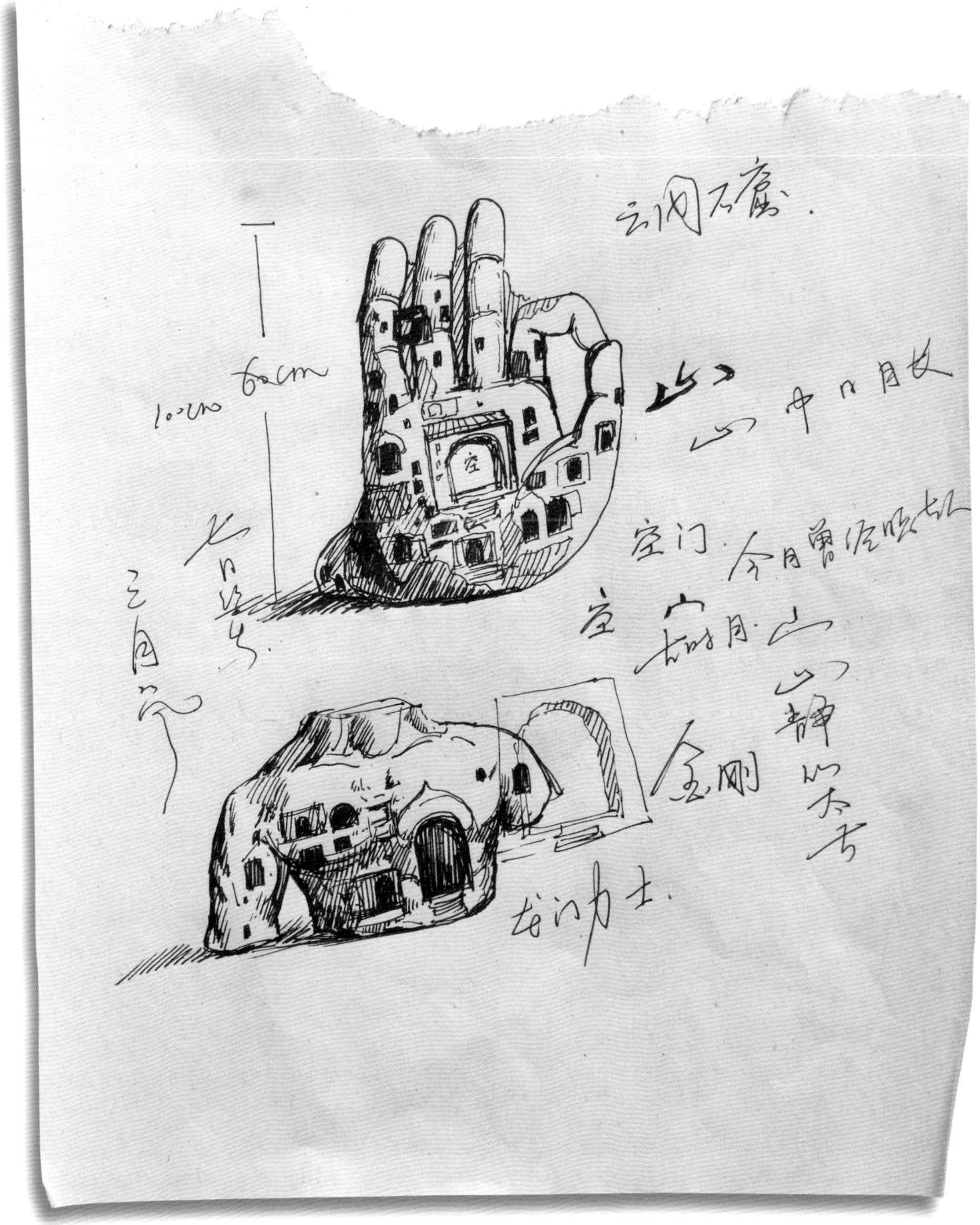

作石述

最先开始动工的作品便是《如是Ⅰ》，“如是”取自金刚经：“一切有为法，如梦幻泡影，如露亦如电，应作如是观。”

利用汉白玉的晶莹通透的特性去表达梦幻泡影的概念。

石料并非完美，有的地方紧实、有的地方疏松。为不影响面部的细节，在石料上规划造型的时候为把粗糙酥软质地的一面放在雕塑的背面，所以作品中右后侧略有风化颗粒感的摩崖石刻，其实是石料本身的特质，并未刻意去制作；石料中的纹理杂质也是被接纳的，灰黑色的深浅变化，为作品增加了一丝自然气息。

《如是 I》这件作品的开相参照了山东博物馆藏的一件原龙兴寺出土的北齐菩萨造像，原件雕刻与打磨都十分细腻，在众多龙兴寺出土的北朝造像里，她算是特别耀眼的一件，脸形的线条很柔和，圆润中带有一种坚毅之气；下巴的结构带有一丝扁圆，十分典雅的外轮廓；眼睛遥望远方，嘴角有端庄的微笑。

这些特质看似明显，却不易去把控，对于一千四百多年后的我们，即使有意识去复古，能准确捕捉古人的处理细节都需要有大量的实践经验。比如：一开始定位脸形轮廓时，总觉得微胖，过于肥，有臃肿之嫌，后期又修瘦了许多次，其主要原因在于白石在视觉上有扩张感，同样的造型在青石上就会显得收紧。

眼睛是整件雕塑极为重要的部位，眼皮睁开的幅度经过了仔细比较与权衡，是一种未有完全睁开、眼皮微微低垂的状态，体现出含蓄、耐人寻味的目光。刻眼线之前，眼睛是一个橄榄形凸起，用铅笔在球面画出眼睛的精确细节，然后再用小刀逐渐把眼皮刻出来，走刀需要非常肯定，干脆利落为最佳，内心有一丝犹疑都会直接影响眼睛的美感。

左图为山东博物馆藏青州龙兴寺北齐菩萨像，右图为作品《如是 I》

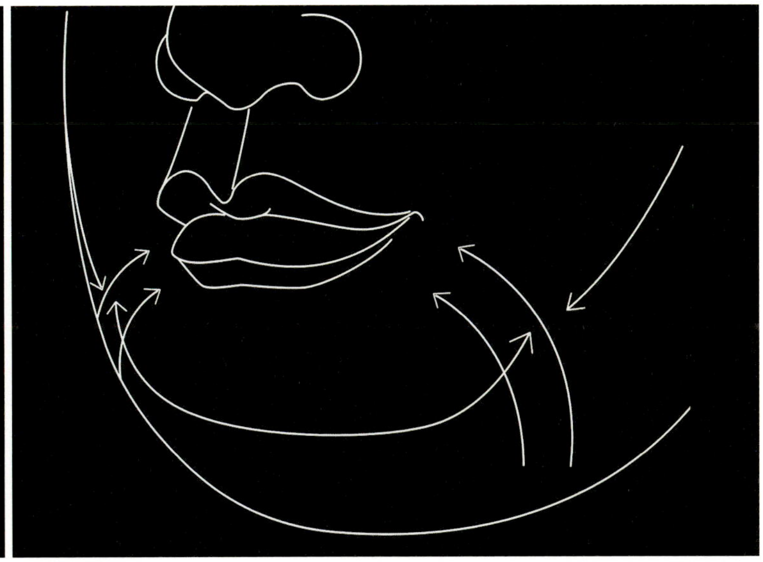

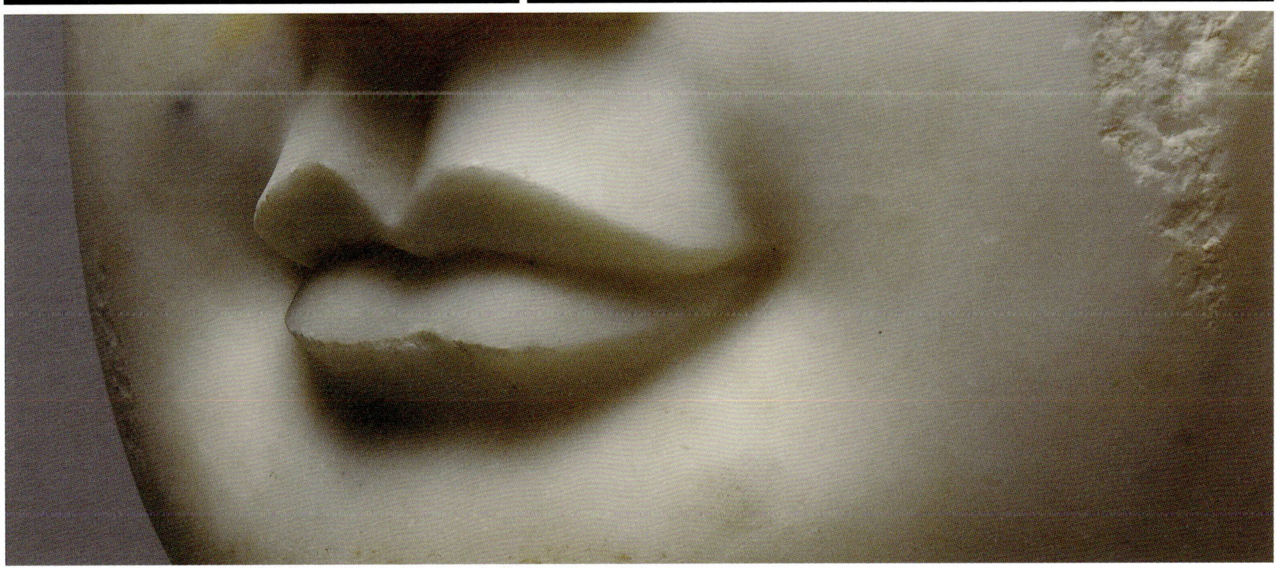

1 | 2
3

1 龙兴寺的北齐菩萨像侧面图
2 嘴巴与下巴的线条分析
3 《如是Ⅰ》的嘴巴细节

两侧与背面布满了石窟与窟外建筑，完全模拟现实中的石窟，有小路、山坡、还有摩崖石刻，都是根据自然断面的形态安排位置，其中右边的窟外建筑参照了天龙山石窟第 10 窟，斗拱与柱子的样式以及窟门都是以此窟为标准创作的。相对于砂岩，汉白玉通透的质感令建筑多了一分纯洁的古典意向，这也是意料之外的惊喜。

另外，作品中出现了许多垮塌的石窟，即只剩下一半的石窟，不仅仅在如是这个系列中，几乎所有的作品中都出现了塌掉的石窟，这是有意设计出的细节，模拟出山体断裂之后，暴露出藏在山石中的石窟空间。尽管只有半个窟室，但是却有完整的空间意向。

后期的打磨与精雕是穿插进行的，快要收尾的时候，用打磨石均匀打磨一遍，使之呈现出光滑细腻的面部起伏，但这一步也难免会让一些犀利的五官线条变得含糊，所以在打磨完之后又用刀把需要明确显现出来的细节重新强调了一遍，雕刻的工序才算结束。

但这并不意味着作品完成。接下来的工序是处理出表面的沧桑感，这一步花的时间和精力也不可小觑。

把作品当成巨大的山体雕塑去对待，沉浸其中，在面部做出残缺的细节，比如鼻子、眼皮、嘴唇等的崩裂效果是需要一点耐心的。另外还有一个特殊的细节，即表面的斑驳脱落感。按常理，汉白玉这种材质难以见到这种效果，而砂岩就很多见，这是与石材本身有关的，但为强化作品的岁月感，通过手工一点一点制作出来了这种效果。用小锤子逐渐敲打，掌握好力度和精确度，让表面粉化酥软，一点一点剥落石皮。这种效果出现在整个“如是”系列作品中。

“如是”系列作品虽然都是传达相同的概念，但每一件都有其自身的特色。这四件除去开相的参照不同之外，总体构成形式也各有侧重。《如是Ⅰ》有一个单独的窟外建筑为主体；《如是Ⅱ》有一个巨大的窟室空间，内外联通；《如是Ⅲ》两侧的石窟参照了麦积山的样式，窟室与面部互为彼此；《如是Ⅳ》体现出一个密集的石窟群落，层层叠加的繁复空间感。

1 2
3 4

1 《如是Ⅰ》的右侧背面，疏松的石质
2 《如是Ⅱ》以一个巨大的窟室为主
3 《如是Ⅲ》右侧面是麦积山的石窟样式
4 《如是Ⅳ》的石窟层叠感

用小刻刀一点一点制作出石面的斑驳感

有几件砂岩作品，都是以山西造像为参照，如《空相》《大千》《永恒意义》。砂岩粗砺的质感，表面有自然开裂的缝隙，较为容易制作出沧桑风化的石窟质感。

《空相》取材于云冈石窟北魏中后期造像样式， 轮廓线相对于云冈早期的犍陀罗样式更有骨感，更显秀润之气，神采超然。脸形并非是北魏早期那种雄浑的圆球形，线条自颧骨一直到下巴都带有明显的收势感，下巴挺起，转折有坚挺的力度，这些细节在开出粗形的时候就已预留出塑造刻画的余地，形体概念最终会落在刻刀上，逐渐做减法，让轮廓精确化。

眼皮较薄，眼睛眯成细长的造型，眉线高挑如弯月，轻盈的细节往往更具清秀之气。鼻翼肥厚，人中较宽，上嘴唇厚，这些特征也是云冈石窟造像之典型。《空相》这件作品本身是云冈特征的集合，如果用大数据来比喻，它简直是从数据库中提取出来的五官组成的面相。

《空相》的雕刻过程，脸形确定好以后，用大锤砸出自然的断面，之后再逐渐细化内部空间

1 | 2

1 云冈石窟第 5 窟北壁的北魏佛像
2 作品《空相》的眼睛

而《大千》这件作品的开相则十分严格地参照了天龙山第八窟的一尊佛首，目前原作已流落海外，是根据图片资料雕刻完成的。

从原作来看，眼睛不是常见的低垂状，也不是完全睁开的大眼睛，而是接近平常人，似乎在望着虚空出神，虽然经历过一千多年的岁月洗礼，眼神中那种清澈与包容，还是能轻易打动观者。为求原作神采，打印了许多原作的照片，从多个角度仔细比对了眼睛的造型变化，做了一些功课，也做了几次小样，在正式动刀的时候还算轻松。

关于天龙山造像，最为大众所熟知的是唐代造像，也是存世量最多的，那些被山中商会盗卖而流落海外的许多扭腰菩萨像与佛首大部分都是唐代造像。第八窟为隋代窟，也是天龙山为数不多具有北朝遗风的造像。2021 年初，天龙山第八窟北壁主尊佛首的回归亮相让公众感受到了天龙山隋代造像的风采。对比可见，唐代与隋代造像都有一些共同的特质，比如有细腻温婉的转折、神态温和、有体恤人间疾苦的悲悯等，并没有超出尘世之外的距离感。

《空相》背后是仿照云冈石窟北魏后期洞窟的内部布局，柱础上的纹样与千佛的组合十分典型，撑起一个半开放的石窟空间。以交脚弥勒、跏趺坐佛为主尊，千佛与众弟子、供养人围绕其间，加上窟顶的飞天组成一个丰富的佛教空间。这是一个垮塌的窟室，当初在构思的时候并没有如此具体，只是根据粗略的大形去规划大致的内容，实际上是一个边做边完善的过程。

右侧有小台阶，拾级而上，是进入整个空间的入口，对于作品而言，也是一个大抽象概念的入口。台阶或者小路在所有的作品中都出现了，不仅仅是现实的反映，它更多是起到纽带的作用，让许多碎片化的空间连通成隐形的整体。

《大千》这件作品左侧也有石窟门和台阶，从窟门进去之后，内部是一个十分繁复的造像空间，主壁有倚坐弥勒、菩萨、金刚力士等等，四周布满了千佛龛，靠近窟门内侧墙壁下端还有神王像，这种密集的信息量是刻意强调的，与简单纯粹的外形构成一个对比关系。每一尊小造像都不具有精确的五官细节，尽量控制在被风化含糊的状态，简化为符号镶嵌在作品中。

天龙山第八窟佛首

1

天龙山第八窟佛首侧面

1 | 2

1 作品侧面图
2 作品内部图

这种处理意图在《永恒的意义》中就十分明显，能看出来，每一窟的造像都被严重风化过，面容全无，但石窟的概念却并未丢失，石窟密布整个手掌，即使远看也能清晰辨认出石窟的形态。

这件作品参照了云冈石窟第十八窟立佛的手印，原本的手势是扁平化的浮雕紧贴胸前，手掌还带有蹼。为改造出完全圆雕的姿势，食指与大拇指的造型与原作略有不同，往前倾斜了一点，其他四根手指的排布也都有相应的调整，使整个手形具有全方位的立体感。手掌上有许多坍塌残损的石窟，手指上依稀可见密布的千佛，整个表面被做了多次风化，如时间穿过，岁月留痕。

1 | 2 | 3

1 云冈石窟第十八窟立佛的手印
2 作品《永恒的意义》未雕刻石窟时的手形
3 雕刻完石窟后的造型

大拇指与食指的造型往前倾，从原本平面化的浮雕转变为立体圆雕

龙门石窟的唐代力士

同样布满密集石窟的作品还有《信念》，这件作品最开始的概念来自于 2017 年的一张数字摄影后期图，图中有一块巨大的力士石耸立在荒漠中，身上布满了石窟，周边还有一些破旧的建筑遗迹。2021 年才以此为灵感做成了雕塑。此作品参照了龙门石窟的唐代力士。唐代力士是中国佛造像中的一片异彩，他们的形体与比例协调，肌肉细节凸显，追求外在的力量感。虽然在结构上有很多主观的处理，但是整体合理，呈现威猛之气，有若一副钢筋铁骨之躯。此后朝代的力士造像也只是在唐代力士的基础上延续，几乎没有突破。

1 | 2

1 数字摄影作品《信念》
2 石雕作品《信念》的制作现场

《信念》中的力士，胸肌十分饱满，身体呈现扭动的姿势，背面砸成断裂的山峰，露出许多残损的石窟来。虽然参照了龙门石窟的力士，但原作为浮雕，前后的转折关系并不强烈，所以在创作的时候有意识地增强了形体感，躯体较为浑圆，具备一件立体圆雕的视觉观感。力士身上所有石窟都是按照唐代的形制来雕刻的，右下方的大窟是一个打通的空间，为让整件作品有透气之感，两侧还有唐代力士在守护，为与整个大主题相呼应。雕刻完成之后还用火烤了一遍，表皮有自然爆裂的斑驳效果，局部用泥土涂抹出沉积的层次。远看带有科幻色彩，如坚硬的机甲被打满了弹孔，有戏剧性的冲突。

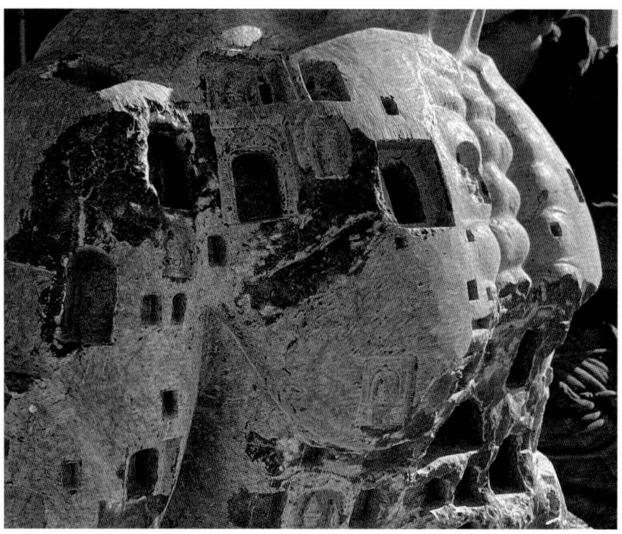

1 | 2

1 作品《信念》的雕刻造形工序，胸肌上有许多磕碰与划痕

2 雕刻完成之后用打磨石打磨表面

星球这个系列与其他所有的作品都不同，它更为超现实，也更有浓重的宇宙观。
星球本身就具有十分宽广的内涵，在作品中，它可表现为“世界”或者多维空间的物象。
地球本身就是一个普通的星球，有几十亿年历史的石头是它的构成物，与我们人体一样，其根本都来自于同一次宇宙大爆炸。开采出来被雕凿成星球形，作为宇宙概念的象征，用在星球系列作品中恰得其所。

选取不同纹理与质感的石料，雕凿成球形，再根据其特点去规划石窟布局。
每一件都不是十分圆，而是带有一点不规则形，使其有自然造物的特性；也有自然形成的石球，略为处理就能成为作品。所有星球都有环形坑，但形态并非一致，有的密集，有的疏朗。
石窟开在星球上，混淆了大与小的空间概念。虽是超现实，但在雕刻上却需要体现出细节。由于是球面，窟门与窟外的力士都是需要消除弧面感，在雕刻的时候，尽可能让主题凸起，才有足够多的余地平衡视觉差。球体上的微缩建筑都来自于现实，虽然看起来有面面俱到的细节，但并未严格按照比例去制作，被简化为文明之符号。

每一颗球体都代表一个独特的世界，或隐喻为古人思绪的凝结体，或是存在于时间之外。人之信仰投射在石窟深处，与石头共生，永恒不灭。

菩提树那件，是整个系列中最有技术难度的，由于是一体雕刻，事先把树与筌蹄凳子预留出长方体，把球体雕刻完之后再开始用小刀雕刻菩提树。树干较细，在镂空树叶的时候，力度若掌控不好很容易脆断，所以事先把树干预留为很粗壮的形态，树叶雕刻完成之后，才把树干多余部分剔除完成。

尽管整个过程都非常小心，中间还是失败了一次，第二次才完成作品。

1 | 2

3

1 作品《行星 5 号》菩提树刚开始雕刻的情景

2 镂刻树叶，枝干底下预留有受力的石块

3 侧面有树叶的叠加感

所有作品几乎都存在偶然性与临场性，石头被砸开之后呈现出自然的断面与自然的石纹，根据断裂面去构思作品大形；利用石纹去安排星球上的石窟方位，去设定各种雕刻细节。这个工序与传统雕刻造像不同，在作品未开始之前，残缺效果的制作也是一道重要的工序，而且从某个意义来讲，这道工序甚至是决定作品成败的关键。我想，残缺并非不完美，它至少表达了生命的常态，这一点足以构成它内在的完整性，以有限的生命与这些残石一起出生入死，获得刹那间的永恒。

/ 如是 - Ⅰ /

石质：汉白玉
高度：45cm

/ 如是 - Ⅱ /

石质：汉白玉

高度：40cm

参照了曲阳地区北齐造像样式，如河北博物院藏菩萨头像名品，以及修德寺出土的造像，脸型丰腴，眉眼之间有华贵而亲和之气

建筑参照了天龙山石窟

/ 如是 - Ⅲ /

石质：汉白玉
高度：42cm

1 | 2
3 | 4

1 邺城北齐造像
2 龙门石窟的建筑元素
3 《如是》眼睛的细节
4 麦积山的窟前建筑

参照了北吴庄出土的邺城菩萨造像，造型端庄，雕工与打磨非常细腻，眉弓略凸起，唇线起伏有弹性，表达出高贵而内收的精神内核

《如是》这件作品在五官的外形上力求与其接近，在脸型上有细微的更改，增加了圆润的体积感，石窟建筑分别参照了龙门石窟与麦积山

/ 如是 - IV /

石质：汉白玉
高度：30cm

1 | 2

1 眼睛细节
2 北吴庄出土的邺城菩萨造像

五官参照了邺城菩萨造像，眼睛的造型尤为特别，双眼皮，眯成一条弯曲的细线，北齐时期这种微妙的细节让整个雕塑的气场向远处延伸。两侧的石窟大多参照了龙门石窟唐代窟，摩崖石刻与石窟结合，参差错落成造像群落，遥望无尽的地平线

/ 寂 - Ⅰ /

石质：石灰岩

高度：45cm

1 | 2

1 嘴巴的细节
2 响堂山石窟北齐造像

参照了响堂山造像，嘴唇的笑意经过了多次更改，调整的时候不仅仅只是考虑嘴巴这一块，而是要顾及到整个脸型的起伏，为达到古人造像那种轻松和质朴感耗费了许多精力，过之则媚，不及则呆。佛面背后的山峰有许多小路，路旁也有许多石窟，有的是唐代窟，有的是北齐窟，也有可细看的局部，如窟门两旁的力士、石壁上的小坐佛，右侧是密密麻麻的千佛，浩瀚的世界，把整个石窟群落当作一个完整的生态系统，试图营造出视觉上的节奏感

/ 寂 - Ⅱ /

石质：石灰岩

高度：40cm

1 | 2

1 青州龙兴寺造像
2 神通寺的摩崖石刻

以青州造像为参照，两侧的摩崖造像参照了济南神通寺

青州造像有非常鲜明的特点，五官更为立体，有更多印度样式的影子。这件作品依照北齐笈多样式而作，脸型圆润，鼻梁高挺，眼神悠远，侧面的摩崖千佛造像传达出广大、浩瀚的涵义

/ 空相 /

石质：砂岩
高度：45cm

1 窟室内部
2 侧面的细节
3、4 云冈石窟北魏造像

严格参照了云冈石窟北魏造像样式，比如高挺的鼻梁、肥大的鼻翼、宽人中等

窟内的空间耗费了很多时间，有些地方不好雕刻，比如角落里的千佛，是一点一点用小刀抠出来

/ 无畏 I /

石质：石灰岩
长度：45cm

/ 与愿 /

石质：石灰岩
长度：75cm

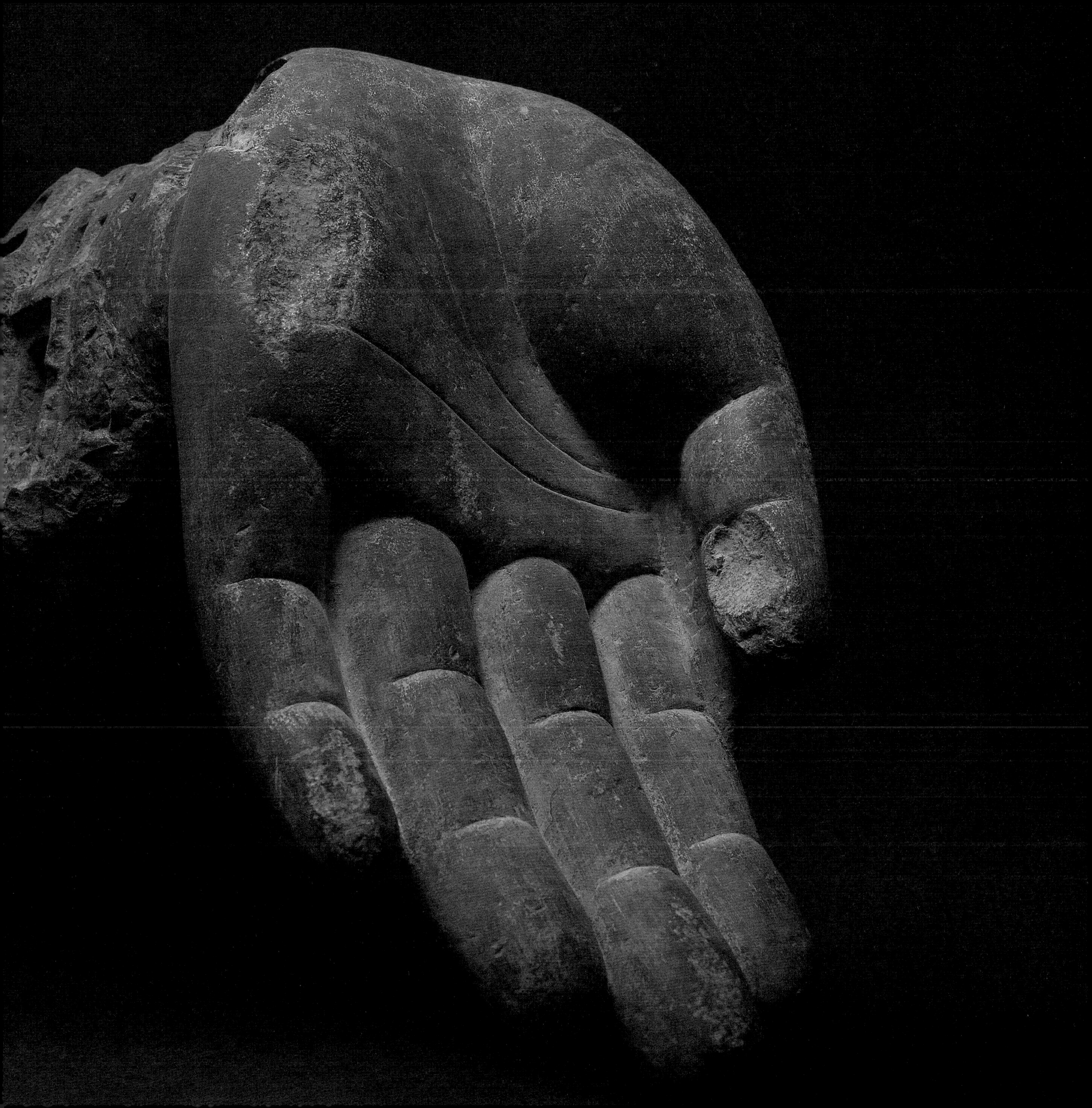

1
2

1 龙门石窟的建筑原型
2 作品中的建筑

与愿手印，与愿的含义为给予众生种种恩惠，一切诸乐皆令圆满。以龙门石窟为参照，凿出上下错落的石窟崖壁，密集的石窟，犹如凝聚了宏大的愿力

/ 半室明月 /

石质：汉白玉
高度：30cm

这是锤子砸出的汉白玉石块，自然断裂，顶部保留了一小片深红色的老皮壳。山顶一残损的小窟室，北朝样式，垮塌的缺口强化了整个窟的空间感

在山顶单独造一个小窟，只有一条路攀登上去，这个概念并非只是表现山顶上的石窟，更多的是试图强调藏在山石中的般若意向

明月当空，月光会通过窟的缺口照进窟内，这是“半室明月”名字的由来

/ 大千 /

石质：砂岩
高度：45cm

/ 穿过 /

石质：石灰岩
长度：50cm

/ 尽头 /

石质：石灰岩
长度：50cm

/ 澄明 /

石质：汉白玉

高度：50cm

断裂后的石头中隐藏着单独一个石窟，一条小路蜿蜒而上，窟内有思惟菩萨静坐，以恒定的姿势面对着窟门外，用一块表面带有老辣皮壳的汉白玉石头来表达澄明、神性之意蕴

/ 无畏Ⅱ /

石质：石灰岩
高度：80cm

巨大的施无畏手印，手掌上布满了石窟，穿过时间的大河，斑驳沧桑而又无比坚定

/ 信念 /

石质：石灰岩
高度：50cm

/ 永恒的意义 /

石质：砂岩

高度：60cm

/ 行星 1 号 /

石质：石灰岩

直径：35cm

/ 行星 2 号 /

石质：石灰岩
直径：35cm

/ 行星 3 号 /

石质：石灰岩
直径：35cm

/ 行星 4 号 /

石质：石灰岩

直径：35cm

/ 行星 5 号 /

石质：石灰岩
直径：25cm

/ 行星 6 号 /

石质：砂岩

直径：25cm

/ 行星 7 号 /

石质：石灰岩

直径：25cm

/ 行星 8 号 /

石质：石灰岩

直径：30cm

/ 空衣 - Ⅰ /

石质：汉白玉

高度：60cm

/ 空衣 - Ⅱ /

石质：汉白玉

高度：90cm

/ 空衣 - Ⅲ /

石质：石灰岩

高度：80cm

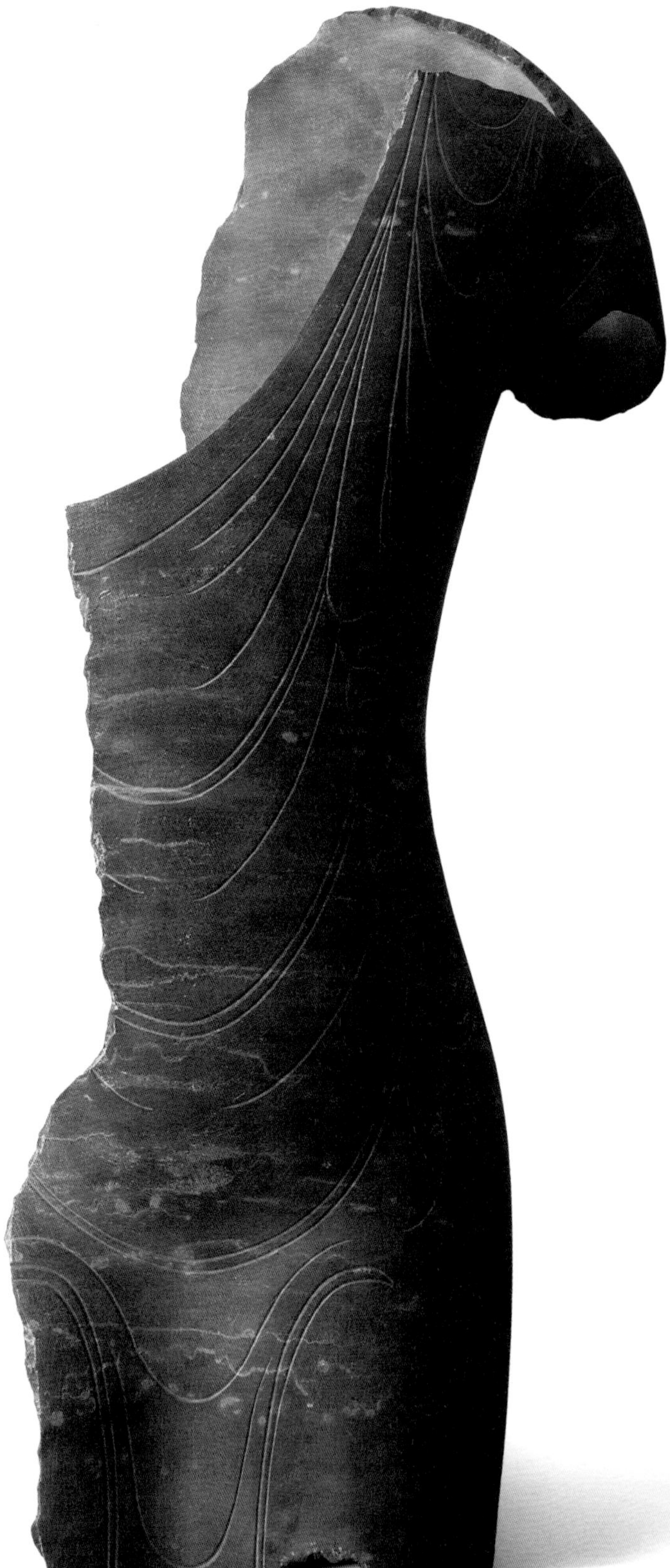

“空”这一系列的作品是建立在“色即是空”的概念之上，梦幻泡影般的躯壳，纯粹而脆弱，不由得让人思考关于表象与本质的关系。

这三件都借用了北齐时的佛身躯造型，内部掏空，只保留裂袭外壳，并雕凿出躯壳的破损感。

工艺并不复杂，首先雕凿出一件完整的身躯，再往下凿出1厘米左右的表皮，并敲打出断茬，完成之后再进行掏空。掏空工序是最考验耐心的，也是一个精细化的工作，因为不仅要打磨出薄薄的外壳，内部身体的起伏感也要呈现出来。掏空完毕之后，外壳就不能再更改了，一旦再作改动，极容易造成石面断裂，有非常大的不可控因素。

造影

造影

忽然想起学生时代教我摄影的那位敦厚的老师傅，有点秃顶，普通的穿着，普通的语调，慢条斯理地讲话，一旦聊起照相技术，眼睛就开始发光。带我参观他的暗房，两手时常比划着各种决断的手势。他是一个纯技术控，没有美术基础，从来不谈构图，也不跟你讲画面意境，在他那，只有精密器械的运作原理。

影像世界是由严谨、理性的物理知识构筑起来的，只有熟练掌握了那个世界的运行规则才得以让纤毫之间的念头自由穿行，最终显影出来，成为具体的作品。那是很重要的一段学习时间，可惜并没有珍视，年少轻狂时总把技术与器材看轻，过于重视偶然性的图像，每天都在搞另类的形式，拍出来的东西肤浅怪异，没法细看。

直到踏入古造像这条河流，才开始沉下心来重新去了解关于摄影技术方面的知识。拍摄石窟佛像的时候，经常会遇到光线不充足、角度不理想的情况，如何拍出大景深的画面，如何让暗部的层次显得更细腻等，这些问题总算是得到了正视。能感觉到内心也愈发安静起来，一千多年的古佛，烟火熏染出的沉寂感汇聚成巨大的引力，慑服了所有毛躁与火气。

采用后期合成的第一幅作品是从 2015 年开始的，原本只是表现巨大的雕像，纪念碑式矗立，虚拟出一个真实的存在，古遗迹与当下世界的共存，创作了许多即兴的图像，但并未当作长期的创作计划，甚至连原文件都没有保存。一直到 2017 年，才开始有意识地深入这个系列，对场景和色调都做了很多试验，也愿意花很多时间去处理细枝末节，开始有意识地去表达某种意图，《梵物志》书中前几页的插图就是这个时期的作品。

照片中的场景就像真实存在某一个无人踏足的山岭，矗立在人迹罕至的荒原，千百年来未有人打扰，与自然一起呼吸，一起斑驳风化，好像与世隔绝在另一个时空中，这种刻意制造的真实感是我始终坚持的一个前提。

星球系列是 2021 年才开始创作的，此前只是零散的草稿。
处理成星球状，原本是基于地球的概念——从宇宙的视角去看，石窟只是人类在地球上挖出的孔洞而已，是一种印记。古往今来，人们造像、发愿、祈求，本质上无非是对过去、现在、未来的期许和救赎，一种自我解脱的行为，但它一定是善念的再现，无论是皇家贵族还是平民百姓，在冰冷的人造洞穴里，此时人的本质属性趋于一致。

没有永恒，一切终将消逝，哪怕是最刚硬的石头与最牢不可破的信仰。
就像《残骸》，这是巨大的未知文明航天器残骸，年数太久远，已被岁月侵蚀成模糊的轮廓，像巨大的化石，屹立在某个寂静的荒野。古人在残骸上开窟造像、许宏愿，雕像与巨大的残骸最终在时间中同为一体。

悬浮在虚空中的石窟星球，是纯粹信念的物化，孤寂，冰冷，坚毅，苍凉，在宇宙无边黑暗中漂浮。

所有的摄影作品都经过了数字后期处理，在许多实景拍摄图像的基础上组合成一幅新的图像，但并不是随机拼凑，而是事先画了许多概念草稿，定稿之后再根据内容去石窟或者寺庙遗址取景，然后导入电脑中进行后期合成。让每一个局部都要符合理想中的样子是很难的，有时候也会根据素材因地制宜。

每一件作品，每一处都直接采集于真实世界，没有用三维软件建模。
一砖一瓦，一草一木都是真实世界的投射，比如《恒星》那件作品，几乎都是采集云冈石窟的图像合成的球形，那个星环，是从天龙山石窟石面上的沙粒采集图像，然后转换成环形，径向旋转而得，每一粒沙子都是真实的。

《恒星》的星环生成过程，从天龙山石窟的窟外石面拍摄图像，最后形成环状

以《悬空寺》为例，上半部分佛身是来自于龙门石窟卢舍那大佛，地下跏趺坐佛是取自龙门石窟擂鼓台，石窟孔洞也都是采集于龙门石窟，都是唐代石窟样式，石质与工艺以及气质是一致的。唐代巨大的造像上又被唐代人开凿了许多窟，整个创作维持在这样一个隐形的标准中。
悬空的左手臂上有唐代的寺庙，周围有古柏苍松，这个寺庙取自佛光寺，透视进行了调整，让它呈现出仰视的角度。寺庙悬崖下方有悬空的木栈道，残破得厉害，可以看出由于年代久远，破败不堪，几乎无法使用了，这个木栈道借鉴了麦积山石窟的老照片，每一根木条都是经过后期精心布局的。巨大的佛像悬于虚空，寺庙隐于其上，超现实的遗落世界，遥不可及，但又在眼前真实存在。

《流星》放大能看到那些被烧红四散飞溅的碎石块，原本是来自于济南开元寺山路旁的一块大石，把石块取回工作室，砸碎之后，单独拍摄成素材，再合成数字图像。

每一个局部都来自于真实，无数个真实世界的像素构筑出一个虚幻的图像，这对于作品本身有聚沙成塔般的意义。

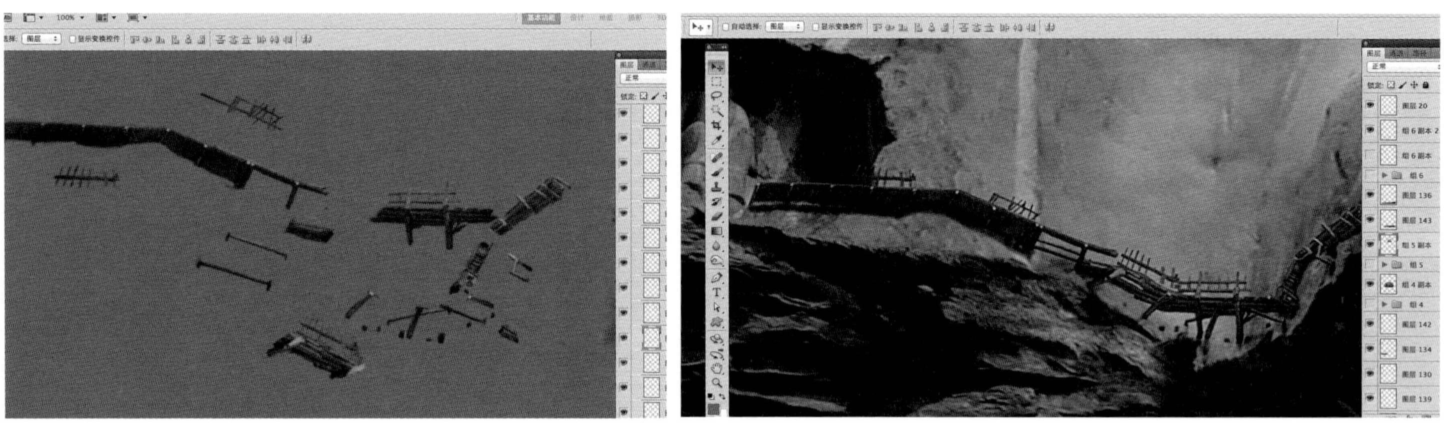

《悬空寺》木栈道由许多单独的木条组装起来插入石头上的孔洞，就像现实中的栈道一样

1 | 3
2 |

1 龙门石窟
2 拍摄碎石素材
3 《流星》中飞溅的石块

《流星》中有许多被熔化飞溅的石块，是来自于摄影棚里拍好的石块素材，每一道火花的飞行轨迹都是经过安排的，石窟素材是取景于龙门石窟的夜景，结合现实中的石球，经过后期渲染出火焰光感

《流星》中的石球原型，取材于这块风化沧桑的老石头

由于是完全自主置景，人为创造的空间被无限放大，这是与纪实摄影不同的地方，不再受制于客观世界。

很多时候，若不指出图像上的合成因素，一般人是意识不到的，总有人误以为某些照片中的场景是确切存在。第一次看到照片的朋友几乎都会问同一个问题：这些照片是在哪拍的。所以难免会讨论它是否还属于摄影的范畴，毕竟纯粹的摄影一定是来自于真实，不容得半点人为更改，每一个墨点都来自于那一瞬间真实世界的光，如此，摄影的魅力才如此让人神迷，而这种经过人为合成的图像则难以有确切的定义，但我也不想刻意去划分他们，这是我的造影世界。

/ 桥 /

/ 残骸 /

/ 渡 /

/ 行星 1 号 /

后记

有形之类皆在熵增定律中往前奔走，永恒的东西则看不见摸不着。

每日天刚亮从住处赶往工场，一直到天黑收工，那段时间满脑子都是如何改进作品，走在路上看见路边的石块，脑海里闪过的是如何在上面开出石窟，一时神志恍然。失眠是常态，画许多图稿，一直到很晚，劳心伤神，自知偏执且难改。

殚精竭虑去创造，结束那一刻长舒一口气，终于获得沉静与安宁，若说有灵魂上的愉悦，这一定算是了。

想起孩提时代自顾自在泥巴禾坪上涂画的情景，多是各种怪异的鸟兽，沉浸其中，忘乎所以，背景是起伏的群山。那是南方偏僻的小村，安静、朴素、原始，到处是粗糙古老的气息，豆腐坊整天飘着白雾，隔壁的铁匠每日抡锤击打着烧红的铁块，人们用石米臼捣米粉，脚踩着踏板，慢吞吞的，吱嘎作响，一切仿佛亘古如此，就像太阳每天从村头升起又从另一头落下。对于一个生机勃发的少年，村外面的世界就像一条流光溢彩的河流，是要扎一个猛子进去奋力向前游的，甚至相信自己永远都不会死去。这种情境因子一直贯穿在我的每一个潜意识里。

感谢曲阳的工匠朋友，与他们在一起，我收获了许多实实在在的经验。一些技术上的难题都被他们轻松解决了，从纸上概念到最后成形，工作起来十分有默契。这些人可能是目前全世界最了解中国古代雕塑的工匠，从少年时代起就跟着师傅打石头谋生，内心与石头早已形成坚固的联结。佛像雕塑需要工匠有一定的悟性，能坚持走到最后，能以此养家糊口的师傅，绝对是了不起的，尤其是在这个传统雕塑并不吃香的年代。

感谢对我的作品寄予厚望的朋友，走这条路完全是兴之所至，且一定会走到永远。

图书在版编目 (CIP) 数据

恒寂：石上刀工与梵影 / 阳新著 . -- 太原：三晋出版社，2022.3

ISBN 978-7-5457-2474-5

I. ①恒 … II. ①阳 … III. ①石刻—研究—中国—古代 IV. ① K877.404

中国版本图书馆 CIP 数据核字 (2022) 第 042934 号

恒寂

石上刀工与梵影

HENG JI SHI SHANG DAO GONG YU FAN YING

著　　者：阳　新
责任编辑：张　婷
责任印制：李佳音
书籍装帧：阳　新　南山禅
摄　　影：阳　新

出 版 者：山西出版传媒集团　三晋出版社
地　　址：太原市建设南路 21 号
电　　话：0351—4956036（总编室）
　　　　　0351—4922203（印制部）
网　　址：http://www.sjcbs.cn
经 销 者：新华书店
承 印 者：北京雅昌艺术印刷有限公司
开　　本：787mm × 1092mm　1/12
印　　张：24
字　　数：120 千字
版　　次：2022 年 3 月　第 1 版
印　　次：2022 年 6 月　第 1 次印刷
书　　号：ISBN 978-7-5457-2474-5
定　　价：398.00 元